Rolf Friedrich Schuett

Grenzenloser Witz über die beschränkte Welt?

Eulenspiegeleier, Eulenspiegelbilder

R o l f   F r i e d r i c h   S c h u e t t

Grenzenloser Witz über die beschränkte Welt?

Eulenspiegeleier, Eulenspiegelbilder

Bibliographische Information Der Deutschen Bibliothek:
Die Deutsche Bibliothek verzeichnet diese Publikation
in der Deutschen Nationalbibliographie; detaillierte
bibliographische Daten sind im Internet abrufbar über
http://dnb.ddb.de

Verlag: BoD · Books on Demand GmbH, Überseering 33,
22297 Hamburg, bod@bod.de
Druck: Libri Plureos GmbH, Friedensallee 273,
22763 Hamburg

Printed in Germany

ISBN 978-3-7693-9829-8

Für Elke
in Liebe und Dankbarkeit

Du in der Welt und die Welt in dir

Im Kopf hat der Mensch eine ganze Welt,
in der sein Kopf nur ein Knochen ist.

Das große Ganze trennt Menschen so,
wie der kleine Unterschied sie verbindet.

Niemand sieht die ganze Welt vor sich.
Der größte Teil liegt hinter den Augen.

Individuen bilden ein großes Ganzes,
das noch ungebildeter ist als sie.

Deutsche jagen der ganzen Welt
ihre Angst vor der ganzen Welt ein.

Arbeitsteilung ist wie Geschlechterkrieg:
Immer gibt es da bessere Hälften,
und ein Ganzes wird daraus nie.

Geschmack ist, wenn der letzte Gebäudeschnörkel
den ganzen Grundriss widerlegt.

Nach Kant holen wir aus der Welt nicht mehr
heraus, als wir zuvor in sie hineingesteckt haben:
Die Idealisten waren keine Unternehmer.

Der Kopf ist auch nur ein Teil der Natur
— ihre Natur.

Für welche Wesen (außer uns) könnte diese Welt
wohl das Jenseits sein?

Für Realisten ist die Welt im Arsch,
für Idealisten im Unaussprechlichen.

Schriftsteller können die Welt
nicht weiter bewegen als die Herzen von Lesern.

Die Weltgeschichte kümmert sich um dich
nicht mehr als das Weltall.

Einer mit engem Horizont will die Welt oft nur
anschauen aus der Schlüssellochperspektive.

Freud träumte nicht von Weltveränderungen,
veränderte aber unsere weltlichsten Träume.

Philosophie :
Hintergedanken sind der *Hinterwelt* Lohn.

Die Weltbevölkerung explodiert
vor Wut aufeinander.

Kapitalismus ist der Versuch
einer Weltverbesserung ohne Weltverbesserer.

Narziss verliert nicht den Kontakt mit der Welt,
um ganz für sich zu leben, sondern den Kontakt mit
sich, um ganz der Welt und seinem Image zu leben.

Sie ziehen nur verschiedene Schlüsse draus:
Gläubige und Atheisten können sich an der Welt
gar nicht sattsehen.

Wer „Literatur der Arbeitswelt" schreibt,
macht nur unbezahlte Überstunden.

Wahrheit ist auch nur Konformismus : Anpassung
des Kopfes an die Welt, wie sie nun einmal ist.

Die Welt ist zu klein für weniger Menschen.

Die Welt hat Charakter:
Sie ist sich bisher immer gleichgeblieben.

Marx wollte nur das an der Welt interpretieren,
was an ihr zu ändern ist, und umgekehrt.

Auf den „Spuren" *Blochs* wird jedes Loch im Käse
ein Tor zur anderen Welt.

Journalisten sind Nachrichter
und Theologen Weltgerichtsreporter.

Welcher neue faule Zauber entzaubert
die wissenschaftliche Weltentzauberung?

Die Welt, in der wir leben, wird die Utopie für jene
sein, die in utopischen Gesellschaften leben müssen.

Verkehrte Welt, die ästhetisch konventionell
und moralisch originell sein will.

Sinnlos wird das Leben, das den Geistesarbeitsplatz
im Weltall verliert und auf der Milchstraße liegt.

Worte geben die Welt dadurch wieder,
dass sie sich ihr nicht anpassen.

Die Weltgesellschaft ist kein Azubi
auf dem Weg zur Weltmeisterschaft.

Psychologen verstehen sich, ohne die Welt
zu verstehen, Physiker verstehen die Welt,
weil sie nichts von sich verstehen.

Zu viele Menschen auf der Welt sagen,
es gebe zu viele Menschen auf der Welt.

Theologie ist Surrealismus der wahren Welt,
Surrealismus ist Theologie der Warenwelt.

Jeder sieht die Welt nur durch seine Brille.
Mancher hat nicht einmal das.

Es sind die Bretter vorm Kopf, die die Weltanschauungen bedeuten und ihn über Wasser halten.

Was hätte aus der Welt ohne mich
alles werden können!

Die Welt ist so unvollkommen, dass selbst
ihre Unvollkommenheit noch unvollkommen ist:
sie lässt sich verbessern.

Meine Weltanschauung ist das, was ich
von der Welt weiß, ohne sie anzuschauen.

Seit Erfindung des Kinos hat jedermann
24 Weltbilder pro Sekunde.

Leibniz und Candide. Wollen wir in der besten
aller unveränderlichen oder in der schlimmsten
aller veränderbaren Welten leben?

Jeder macht sich von sich ein Weltbild und von der
Welt sein Selbstbildnis, aber der Geist spiegelt weniger die Welt, als dass sie ihn spiegelt, und die Welt
spiegelt nicht den Geist, sondern dass er sie spiegelt.

Die Welt ist erst einmal dahin zu ändern,
dass sie sich überhaupt ändern lässt.

Wer die Welt vom Kopf auf die Füße stellen will,
muss auf eigenen Füßen stehen.

Marx wollte die Welt nur verändert wissen,
bis zur Erkennbarkeit der Wahrheit.

Taschen-Kosmologie. Ich weiß wirklich nicht,
ob wir alle einen Urknall haben.

Weltverbesserung ist Alibi der Rücksichtslosen.

Ökologie. Einige bedauern, wie bei Beckett
die Welt zur Mülltonne wird. Andere staunen,
wieviel Leben in dieser Mülltonne steckt.

Wer die Welt nicht verschieden interpretieren kann,
hat sie deshalb noch nicht verändert.

Über Weltverbesserer wird gelacht,
warum nicht über Umweltverbesserer?

Die Welt ist nicht so schlecht, dass sie besser,
und nicht so gut, dass sie schlechter wird.

Ich denk mir mein Teil, aber will das Ganze.

Mir fallen ganze Gedankengebäude ein,
und die Trümmerstücke liegen hier herum.

Das Ganze spielt mit dem,
der mit dessen Teilen spielt.

Lieber ein Diener des größten Ganzen
als sein eigener Herr über kleinste Parzellen?

Eine Stunde vorm Tod erscheint dir dein ganzes
Leben sehr kurz, eine Minute vorm Tod läuft noch
einmal dein Leben ganz ab (und eine Sekunde davor
vielleicht eine ganze Ewigkeit?).

Die Hölle hat keine totalitäre Monokultur.
Jeder ist hier nach seiner Façon unselig und böse.

Absichten sehen von der Welt so wenig
wie Ansichten und Aussehen.

In seiner Wohnung ist mancher
weniger als im Weltall.

Die Welt hat einen Sinn − nur in einer anderen.

Erst bist du ein kleiner Teil deiner Mutter, dann
wird diese Mutter ein kleiner Teil deiner Welt.

Von Weltall, Evolution und Weltgeschichte ist
bisher nicht viel mehr als die Kritiken bekannt.

Einige macht die Weltflucht krank,
andere die Weltsucht.

In Spiegeln sieht man Vorbilder und Weltbilder.

Kant sah mit eigenen Augen seine Augen
eine Weltanschauung anschauen.

Sah *Kant* von der Welt nur die Sehkraft
seiner Augen oder die Stärke meiner Brille?

Erstellen wir unsere Welt(bilder) auch
durch transzendentale Gefühlskategorien?

Fast jeder wähnt, dieselbe Welt sei außerhalb
und innerhalb des Kopfes zugleich, der Kopf
aber auch innerhalb und außerhalb von allem.

Selbstbeherrschung lässt sich schmackhaft
machen als bestes Mittel der Weltherrschaft.

Ein Buch kann schlechter die Welt verbessern,
als die Welt ein Buch schlecht machen.

Hätte die Welt keinen Anfang,
könnte nie mehr Neues passieren.

Fast jeder wähnt, alles sei zugleich innerhalb
und außerhalb des Hirns, d.h. die Welt sei so groß
wie sein Kopf.

Erst frisst jeder so viel Welt, wie er kann,
dann frisst der Rest der Welt den Vollgefressenen.

Marx hat die Welt nur verändert, indem man
ihn immer nur verschieden interpretierte.

Wittgenstein? Die Welt ist alles, was lieber
ein freier als ein hoffnungsloser Fall ist.

„Du sollst dir kein Bild machen!" Zwischen dir
und der Welt steht dein Weltbild.

Was haben Dinge gemeinsam, die zur selben Welt
gehören, und was hat die Welt an sich,
um in unendlich vieles zerfallen zu können?

Ein Nichts, in dem solche Welten stecken, muss sich
erstmal jemand in sieben Tagen ausdenken.

Sind Elementarteilchen real und das unbegrenzte All
nur eine Idee oder nur das Universum real und
seine unendliche Teilung ein bloßes Ideal?

Könnte darin noch handeln, wer das große Ganze
ganz durchschaute?

Le Grand Principe. Hat es einen besonderen Grund,
dass alles einen Grund hat oder die ganze Welt
gar keinen Abgrund hat?

Jeder ist jenes Teilchen, welches das große Ganze, von dem es umschlossen wird, ganz enthält.

Reißt ein Individualist sich nur
aus dem ganzen Zusammenhang,
um sich und ihn ganz zu verstehen?

Die halbe Wahrheit übers Ganze
ist nicht die ganze Wahrheit über eine Hälfte.

Religion ist, dass das große Ganze ganz klein
und das All nicht alles ist.

Die innere Leere der Welt sah der leere Buddha.

Der Stechschritt vom Ganzheitlichen zum
Totalitären geht nicht weiter als der Fortschritt
vom Organismus zur Organisation.

Urknallchen : Auf Erden gibt es schon
acht Milliarden Paralleluniversen.

Wer sein Leben genießt, erklärt das Universum
zu seinem Leib- und Magengericht.

Das Nichts zerfällt ins All, und jeder *Superstring*
besteht aus unendlich vielen Paralleluniversen.

Wer nicht (um)weltfremd ist,
ist zumeist kosmosfremd.

Ebenbild Gottes, dein Bild verfehlt die Welt
wie die Welt ihr platonisches Urbild.

Die ganze Welt steht dir nicht so weit offen
wie dein großer Mund davor.

Soll die Welt besser werden,
muss uns schlechter werden (dürfen).

Weltbild und Selbstbewusstsein sind Doubles
oder Rivalen.

Warum widersteht die Welt unserem Willen
weniger als unserem Wissen?

Wäre die Welt in Ordnung, gäbe es uns gar nicht.

Die Welt ist so wirr, wie der Kopf denkt,
und so klar, wie der Tropf glaubt.

Das Rätsel des Lebens hat eine Lösung, keine Frage:
Es rät, die Existenz der Welt sei insgeheim
ein Geheimnis.

Nur was nie ist, offenbart der Welt, was sie immer ist
– nicht umgekehrt

Beschreibt man die Welt, wie man Leinwand bemalt?

Abgründe. Die Himmel hoch droben waren nie
die Tiefen des Weltalls.

Wäre *die beste aller möglichen Welten* eine,
die sich verbessern ließe?

Träumst du die Außenwelt, wie du dein Innenleben
wahrnimmst, oder träumst du dein Herz,
wie du die Welt siehst?

Um sie zu verstehen, steht man *in* der Welt
ihr zu nahe, von *außen* zu fern und dazwischen
nicht lang genug auf den Beinen.

Durch Wissen vereint man sich mit der Welt,
indem man sich wehrt gegen sie.

Die Mächtigen der Welt verbessern stets die Welt
– der Mächtigen.

Ihr praktiziert eine Weltanschauung,
indem ihr an Welteroberung denkt.

Einst stritt die Poesie der Herzen wider die Prosa
der Welt, nun kämpft die Poesie des Kosmos
gegen die Prosa der Köpfe – immer vergeblich.

Nur Weltuntergangstheorien schieben ihn auf.

Bilder und Weltbilder verdecken gern,
dass sie Unsichtbares verdecken.

Mein Weltbild ist eine Kopie nicht der Welt,
sondern eures Weltbilds.

Nach *Marx* will man die Welt nur noch
durch Veränderung interpretieren.

Selbst die Hölle auf Erden wird
von Umweltverbesserern erschaffen.

Umwelt ist die neueste Hinterwelt,
die von abgetriebener Mitwelt ablenkt.

Der Kranke hat keine Welt-,
sondern eine Zimmeranschauung,
der Mann aber keine Frauenzimmeranschauung.

Einstein : Früh krümmt sich,
was ein uralter Weltraum werden will, vor Schmerz.

Nachhaltige Philosophen kämpfen
gegen Hinterweltverschmutzung.

Wer Mikroskope und Teleskope durcheinander
betrachtet, sieht die Welt nicht richtiger.

Der eine will eine pluralistische Welt,
der andre viele monistische Welten.

Die Weltbesten in jeder Disziplin
sind die besseren Weltverbesserer.

Vier Erkenntnistheorien : Jeder (v)erkennt,
wie er die Welt (v)erkennt.

Kultur : Vom Weltbild über Weltschnappschüsse
zum Umweltvideo.

Philosoph : Weltbeleuchter als Blickwinkeladvokat.

In einem Buch taucht die Welt auf,
damit das Buch in der Welt erscheint.

Die Arbeitswelt macht krank:
Der Klügere gibt nach.

Heimat : als Welt zu klein, als Weltbild zu groß.

Ein reiches Innenleben wähnt,
es gebe mehr Meereswelt im Wassertropfen
als Wassertropfen im Weltmeer.

Weltbild : Je mehr wir auf Bildern sind,
desto weniger im Bilde.

Die Welt besteht so wenig aus Atomen
wie eine Tasse aus Scherben.

Das Unverständliche an der Welt sieht allein der
Verstand, doch das Durchschaubare am Kosmos
wird nur mutig vermutet.

Die Welt könnte es gar nicht geben,
wäre sie so, wie wir denken.

Was macht der Mensch nicht alles mit der Welt
(mit)?

Schon für ein Pfund Äpfel nimmt man nun
einen Weltmarkt in Kauf.

Die Wahrheit über beide steht
zwischen dir und der Welt.

Bleibt man *Einstein* ferner als dieser dem Weltall?

Die Welt enthält deinen Kopf, der sie enthält;
mein Kopf enthält eine Welt, die ihn nicht enthält.

Bilder bilden nicht, und Bildung
macht frei von Weltbildern.

Wird eher die *Weltformel* für alles gefunden
als auch nur ein einziges Weltdetail bis ins
letzte Detail erschöpfend ausgedeutet sein?

Reisen verändern die Welt,
bis sie sich nicht mehr lohnen.

Eine Welt, die jeder sich selbst herstellt,
kann ihn nicht mehr widerlegen.

Jeder Begriff von der Welt abstrahiert nur
von ihrer Unbegreiflichkeit.

Die Welt zu gestalten, ist die sicherste Form,
sie nicht zu sehen, wie sie ist.

Stubenhocker kommen oft viel weiter
als Weltreisende.

Die große Welt richtet sich nach den Nachrichten
über die weite Welt.

Der Leib ist in der Welt, die Welt ist in der Seele,
aber die Seele im Leibe.

Weltbeglücker bringen so viel Glück
wie Weltzerstörer und -eroberer.

Fürchtet die weite Welt den engen Durchgang
durch meine kleine Welt wie umgekehrt?

Vom Unendlichen bleibt am Ende
nicht einmal der leere Weltraum.

Laut *Heidegger* ist ein Mensch so wenig
in der Welt wie die Welt im Menschen,
sondern sein „In-der-Welt-Sein" ist ganz in ihm,
aber das Weltsein-im-Menschen ist nicht wieder
in der Welt und von dieser Welt.

Das Atom und der Kosmos täuschen noch
übereinander hinweg.

Auf Erden existiert weniger unsichtbarer Geist als
im Kosmos sichtbare Materie, und beides zerstreut
sich mit wachsender Eile.

Konventionen des Kosmos
sind Naturgesetze der Kultur.

Dem Weltuntergang können wir heute vielleicht
noch entkommen, nicht aber der Überschwemmung
mit Büchern und Fernsehsendungen darüber.

Der Kosmos ist für Chaoten das Chaos.

Der Kosmos stammt aus dem Chaos, das Chaos
vom Chaoten und dieser aus der Kosmetik.

Der Einzelne *übersieht* das große Ganze
und das große Ganze seine Einzelheiten.

Kleinkram und das große Ganze schützen
(sich) voreinander.

Teil eines Ganzen ist jeder nur
als Ganzes seiner Teile, und umgekehrt.

Kann das Schlagen eines Schmetterlingsflügels
Katastrophen auslösen an fernsten Orten im All,
könnte auch ein kleiner Aphorismus ganze geistige
und gesellschaftliche Systeme verändern.

Europa ist ein einziges wissenschaftlich
zurechtgestutztes Plagiat aller Kulturen der Welt.

Der (Um-)Weltuntergang würde auch nicht viel
ändern an unserem Leben.

Deine Seele ist die Außenseite der Mutter Natur,
deren Innenleben deine Außenwelt ist.

Weltschmerz wurde ersetzt durch Umweltschmerz.

Es gibt Feinde in derselben Welt
und Freunde in verschiedenen Welten.

Dichter und Denker passen mit Werken nicht
sich der Welt an, sondern ihre Unangepasstheit.

Wandelt um die Welt und nicht die Welt um!

Weltraum : Wie viel Finsternis
um so wenig Sternenlicht!

Die Welt wurde materiell erschaffen,
aber die Hölle spirituell konstruiert.

Die Welt, so wie sie ist, ist das Werk
von zu aktiven Menschen.

Ganzheitliches lebt noch in der Halbwelt.

Apokatastasis. – Ändere deine transzendental
erschaffene Welt, nie die transzendent gegebene.

Ziehen dich Sachbücher an, weil Grundbücher
dich abstoßen, oder fliehst du die Geschäftswelt,
weil du die Bücherwelt liebst?

Wann wird die weite Welt zum Kerker
und das Wohnzimmer zur großen Welt?

Globalisierung : Draußen ist nicht mehr
der Feind, sondern nur noch der Weltraum.

Die *Postmoderne* ahmt Atombomben nach,
sie verdampft die Welt, um sie zu dämpfen.

Der ganzen großen weiten Welt entgeht man
nur durch Reisen.

Kinder denken über die Welt nach,
Große über Bücher darüber.

Jeder zählt zur ganzen Welt, und ist sie mehr
als ihr Abstand von und zu uns?

Je größer das Vaterland in Europa wird,
desto kleiner wird Europa in der Welt.

Die Weltgeschichte ist seit Esaus Zeiten
das Weltlinsengericht.

Der einzige rote Faden, der sich durch
die Weltgeschichte zieht, ist die Blutspur.

Die Naturgeschichte hat mit der Weltgeschichte
ungefähr so viel zu tun wie ein Naturtalent
mit der Physik.

Wieviel voneinander vertragen Kosmos und Chaos?

Wer keinen Kosmos kapiert, kreiert Kulturen.

Astronomie : Chaoten betrachten den Kosmos,
Kosmetiker das Chaos.

Der deutsche Leser übersetzt den aphoristischen
Satz gern zurück in den ganzen Aufsatz,
den er ersetzt.

Kosmopolit : Weltstreicher.

Ganzheitlich betrachtet, wird jeder synthetisch
produziert und analytisch entsorgt.

Kunst bringt ins Chaos mehr Chaos als Order
und mehr Komik als Kosmetik in den Kosmos.

Paralleluniversen treffen sich nie im Unendlichen.

Das Universum kennt keine Universalien,
die Gesellschaft keine Individuen.

Ganze Einsichten bestehen aus geteilten Ansichten,
globale Ansichtssachen aus geteilten Absichten.

Nur extreme Arbeitsteilung leistet noch ganze
Arbeit, doch nun hat sie auch die ganze Arbeit.

Jede rechtsstaatliche Gewaltenteilung
will die ganze Macht für sich.

Wer ist sein ganzes Leben lang lebendig?

Die ganze Welt besteht nicht aus zwei Halbwelten,
kann aber darin zerfallen.

Aphoristiker halten sich nicht auf
bei ganzen Romanen.

Ich suchte meine ganz(heitlich)e Identität
und fand einen fliegenden Flickenteppich.

Das ganze Leben ist immer doppelt so halber Kram.
Die ganze Welt schützt nicht mehr vor Umwelt
und Umweltvorschützern.

Die ganze Nachricht ist nicht mehr als die Summe
ihrer Mitteilungen, doch die ganze Welt mehr als
die Summe unserer Urteile (und ihrer Urteilchen).

Das ganze Kapital ist immer mehr
als die Summe seiner Verteilungen.

Ein Aphorismus ist ein ganzes Streitgespräch
in *einem* Schlusssatz.

Gott schuf die Welt, Sein Ebenbild sich die eigene.

Das Ganze ist auch nur Teil seiner möglichen Teile
und nimmt und hat Anteil an ihnen.

Dein Anteil an der Welt war nur ein Urteil. Der
beste Teil des großen Ganzen ist sein Gegenteil.

Das große Ganze ist nirgends besser *aufgehoben*
als in einem Schlusspunkt.

Die Kunst büßt durch Absonderung
ihre Mitschuld am Ganzen.

Erst Weltreligionen, dann Weltkriege,
dann Welthandel, dann Weltkulturerbe
und nun Umweltideologien.

Der Kopf reflektiert darauf,
dass Augen nicht die Welt reflektieren.

Kultur ist, was neben der Weltgeschichte
so geschieht.

Weltbilder und -anschauungen sind oft
zu unrealistisch weil nicht phantastisch genug.

Der Wert steht im Buch,
doch gebucht wird die Welt.

Man kann auch lebend aus der Welt kommen
und tot zu ihr kommen oder in sie eingehen.

Der Ewige lässt Hinterweltgeschichte machen,
der Leibhaftige Unterweltgeschichte.

Halte so viel Abstand von und zu der Welt,
dass noch ein paar Weltbilder dazwischen passen.

Die digitale Welt besteht aus (unendlich vielen
reellen Zahlen zwischen) 0 und 1.

Deutsche Denker wollten die Welt verändern,
andere unser Denken.

Ohne Weltverbesserer ändert sie sich
auch nicht schneller.

Die große Welt ist eine aufgeblasene Halbwelt
oder zu dick aufgetragene Unterwelt.

Atomraketen werden schneller besser als die Welt.

Du wirst aus der Welt nicht klug, aber schlauer.

Einbildungen trennen Welten von Weltbildern.

Welches Weltbild macht sich selbst ein Bild
von seinen Rahmenbedingungen?

Die schönsten Weltanschauungen
haben Blinde und Verblendete.

Auch der Weltuntergang(sprophet)
will nur die Weltherrschaft.

Die Zeiten ändern sich,
damit die Welt sich nicht ändern muss.

Die Welt wird besser und bunter – früher ideell,
nun nur virtuell.

Am allerrätselhaftesten wäre wohl
die mathematische Lösung der Welträtsel.

Mein Kaff wird auf jeder meiner Weltreisen schöner.

Die Realität macht sich ihre eigenen Illusionen,
und die Scheinwelt hat ihr eigenes Sein.

Ersetzt Musik oder Mathematik die eine Welt-
sprache *vor* dem Turmbau von Babel? Das eine
macht zu viele dumm, das andere zu wenige klug.

In der Welt passiert nur Schlimmes – die Zensur.

Kant konnte die Welt ganz neu sehen,
weil er sie nie bereist hat.

Einst galt die Erde als Scheibe.
Heute sind Weltbilder noch flacher.

Die Welt ist zu groß für den Kopf
und oft zu klein für die Hand.

Nicht erst der Ruf nach Volk, schon die Rede
von Fortschritt und Mensch(heit), Gemeinschaft
und Gesellschaft ist heute tendenziell totalitär.

Solange ihre Feinde totalitärer sind
als die Religionen selber, hat Aufklärung
auch in der Metaphysik wenig Aussicht.

Der *Urknall* des endlichen Kosmos zeigt,
dass man über Ursprung und Ende nichts weiß
und vermag, aber zwischen Geburt und Tod
mehr Freiheit genießt als Macht.

Wer sozialpolitisch nichts zu sagen hatte,
nannte sich stets kosmopolitisch.

Gebildet wirkt, wen das Chaos andächtiger macht
als der Kosmos.

Der Mikrokosmos ist ein Zerrspiegel
des Makrokosmos, aber spiegelt die Quanten-
theorie auch die Relativitätstheorie?

Fast jeder Erdbewohner sieht im Spiegel mehr
als im Kosmos.

Das Universum ist mehr als die Umwelt
deiner Umwelt, die es verd(r)eckt.

Im großen Ganzen bin ich ganz verloren,
doch schon die kleinste Kette verbindet.

Wer nur um sich selbst kreist, merkt kaum,
ob die ganze Welt sich um ihn dreht.

Unsere Eingangstür zum ganzen Weltraum
ist dieselbe wie zu einem Frauenzimmer –
ein enger Geburtskanal.

Humanismus ist Auflehnung gegen die gute Gesellschaft, Christentum Ablehnung der ganzen Welt.

Manche Dinge enthalten ganze Begriffe,
diese enthalten ganze Urteile, diese ganze
Schlüsse und diese sogar Entschlüsse
zu ganzen Weltbildern samt deren Zerstörung.

Hegel, Adorno? Das Ganze ist das Unwahre, das
Wahre ist das Ganze und beides nicht ganz wahr.

Alle Menschen sind (jedem) gleich, doch mit allen,
die nichts vom Weltall verstehen,
sterben ganze Welten.

Utopisch wäre schon die Erkenntnis, dass die ganze
Weltgeschichte als ewiger Kampf um Materielles
menschenunwürdig albern war.

Lässt die ganze Wahrheit sich ganz zerlegen
in unendlich viele Molekularlügen?

Dein Kurzzeitgedächtnis umfasst wenige Dinge,
das Langzeitgedächtnis nur die ganze Kindheit.

Symbol : Das Ganze ist ein Teil eines seiner Teile,
ohne dass beides identisch wäre.

Mach dir ein Bild vom Ganzen und sieh:
Du bist nie ganz im Bilde.

Für Hirnforscher hat man mit dem eigenen Kopf
eine ganze Welt am Hals.

Jeder ist das einzige Wesen,
dass der ganzen Welt paritätisch entgegentritt.

Trinkspruch: Das Meer besteht nicht aus Wellen
oder aus Welten im Wassertropfen.

Das Wahre ist nicht das Ganze, aber auch nicht
alles Einzelne, sondern ihr ewig ungeschiedener
und unentschiedener Ehestreit.

Man glaubt an die „*Weltformel*", die den
Weltraum und die Elementarteilchen verbindet,
aber nicht der Bibel, die den Verkehr zwischen
dem großen Gott, der ganzen Welt und
der kleinsten Menschenseele regelt.

Die Welt bleibt sich ewig gleich:
Ändern will sie immer nur, wer es nicht kann.

Jeder möchte den Nächsten so klein machen,
wie er sich vor der ganzen Welt fühlt.

Solange die Geisteswelt sich ändert,
bleibt die Welt unverändert.

Wissenschaft zerlegt die Welt aus Angst vor ihr
in objektive Begriffe und subjektive Bilder.

Weltveränderer wollen selbst den Weltschöpfer
erschöpfend verbessern.

Jedes Weltbild bildet nur eine Bildwelt.

Jedes Ding der Welt kann der unendliche Gott
in endlich vielen Schritten, der endliche Mensch
aber nur in unendlich vielen Schritten vollständig
bestimmen, also nie.

Die Natur hat dein Hirn so erschaffen, dass es laut
Kant und *CT* ein so und so beschaffenes Weltbild
erschafft, und der Ewige hat dich so erschaffen,
dass eine so beschaffene Welt dich in jeder Hinsicht
so schafft, dass du sie an- oder abschaffen willst.

Je weiter wir in der Welt herumreisen,
desto enger kreisen die Gedanken im Kopf.

Für manche Welträtsel sind wir wohl zu dumm,
für andere nicht einfältig genug.

Die Philosophen haben meine Welt bisher nur
verschieden interpretiert; es kömmt aber darauf an,
die Philosophen zu verändern.

In Worte fassen Denker,
in Worte verwandeln Dichter die Welt.

Wir Nichtphilosophen haben unsere Welt bisher nie
entschieden interpretiert; es kömmt aber darauf an,
uns nicht verändern zu lassen.

Auch ich habe meine verfehlte Welt nur
verschlimmert, es kömmt aber darauf an,
sie nicht immer fehlzuinterpretieren.

Wittgenstein 2010. Die Umwelt ist alles, was der
Abfall (von den Umweltschützern) ist. Die Scheinwelt ist alles, was der Beifall und Reinfall ist. Die
Unterwelt ist alles, was der Überfall, die Falle und
das Fallbeil ist. Die Hinterwelt ist alles, was kein
Fall für Philosophen mehr ist. – Und die Nachwelt
zwischen Einfallschirm und Durchfallgrube?

Prinz Hasenherz verachtet jede Welt,
die einen Prinz Eisenherz braucht und belohnt.

Was ein Physiker über die Natur sagt, sagt wenig
über ihn. Was du von dir denkst, sagt mehr
über die Welt.

Die beschränkte Welt vorm unendlichen Ideal
und mein beschränkter Kopf vorm unbegrenzten All
– zwei Sorten von Komik.

Erfahrungen können ein Weltbild widerlegen
nur zusammen mit einem besseren.

Das *Licht der Vernunft* wird das *Licht der Welt*
eher verdunkeln als spiegeln.

Die ganze Welt steht um uns herum
wie die Realität vor der „Realität".

Bloße Phantasie ist der einzige Kerker, der größer
ist als der Weltraum, doch schon die kleinste Fliege
und der kleinste Fußtritt führt hinaus.

Die Welt kann sich nicht ausdrücken.
Sprichst du über sie, drückst du dich aus,
und sprichst du von dir, drückst du sie aus.

Die Welt besteht weniger aus ihren Atomen
als aus allen Perspektiven, sie zu (v)erkennen.

Um das Wesen der Welt zu erkunden,
reicht weniger als ein Menschenalter aus;
um die Welt selbst zu erkunden, reicht kaum
das Lebensalter der Menschheit.

Dein größter Blickwinkel erfasst kaum
den letzten Winkel der Welt, in dem du sitzt.

Ein neuer Kopf in der Welt bedeutet
selten eine frische Welt im Kopf

Ein Philosoph geht der Welt auf den Grund,
ohne zu Grunde zu gehen.

Die Sonne, die die Welt erhellt, ist keine Lampe,
die den Schreibtisch beleuchtet, und umgekehrt.

Denker kommen aus dem Staunen über die Welt
nie heraus und Täter in das Staunen nie hinein.

Wer geht durch seine Innenwelt,
um ans Tor zur Außenwelt zu kommen?

Geist sollte weltfremd sein, *dehors*,
weder für noch gegen.

Ein Schlag- und Schimpfwort sagt mehr
als tausend Weltbilder.

Als Evolutionsprodukte erkennen wir von der Welt nur,
was unserer Selbsterhaltung frommt –
außer ihrer Logik?

Die Welt ist nichts, was der Einzelfall beliebiger
Gattungen ist, sondern alles, was die Gattung
beliebiger Einzelfälle ist.

Dass jedes Hirn seine Welt selbst erzeugt,
hat es entweder selbst erzeugt oder jenseits
von sich entdeckt.

Nothink is nothing. Plato setzte die eine Wahrheit
über die eine Welt gegen sophistische Wahrheiten
über atomistische Welten.

Man kann mich aus meiner Welt entfernen,
doch nicht so leicht die Welt aus mir.

Wer sich ein richtiges Bild von der Welt macht,
sieht auch nur ein Weltbild:
Stell die Welt vor dein Weltbild!

Die Welt lässt sich mit wahren Gedanken betrachten
und mit falschen Ideen verändern.

Hast du der Welt mehr hinzugefügt als die Klage,
was sie dir zugefügt hat, und den Triumph,
was du ihr zugefügt hast?

Ist meine farbige Subjektivität nur ein Teil
der objektiven Fakten oder die objektive Welt
bloß ein blasser Ausschnitt unserer Subjektivität?

Je objektiver du die Welt siehst, desto subjektiver
kannst du sie formen, und je subjektiver du sie
verzerrst, desto objektiver beherrscht sie dich.

Wahres Wort passt sich der Welt an
wie der Gedanke dem Gefühl, der Begriff
dem Ur- und Vorbild wie der Vorteil
und das UrTeil dem großen Ganzen.

Weltbild : 100 Mrd. Galaxien zu je 100 Mrd.
Sternen in deinen 100 Mrd Hirnzellen …

Endloses Enden

Der Mensch ist das Wesen, dessen Grenzen
Mittel der Selbstentfaltung sind, und umgekehrt.

Das gefährlichste Grenzschutzschild:
„Austritt für Fremde verboten!"

Ursprünglich war die Unendlichkeit gewiss etwas,
um die Beschränktheit von Menschen und
Verhältnissen in gewissen Grenzen zu halten.

Nur wer seine Grenzen nicht anerkennt,
lernt sie kennen.

Die Herrscher aller Länder arbeiten an der Begrenz-
barkeit des Atomkriegs auf Arme aller Länder.

Seit Freud wissen wir, was die Wirklichkeit
von den Idealen trennt : die Inzestschranke.

Gesellschaft ist eine Gemeinschaft
mit beschränkter Blut- und Bodenhaftung.

Unbeschränkten Kredit und schrankenlose Be-
wunderung genösse, wer die Macht der Beschränkten beschränken könnte — sagen die Beschränkten.

Alles Nullen! Ich, dividiert durch dich, bin unendlich.

Wer seine Erkenntnis einschränkt,
hat noch nicht seine Beschränktheit erkannt.

Wer seine geistige Nahrung mit niemandem
teilen will, beschränkt seine Moral darauf,
anderen die Bäuche vollzuschlagen.

Fakten? Vollendete Tatsachen, die verbergen,
dass sie Folgen von Untaten sind.

No future? Ja, nun müsst ihr endlich
keine vorfabrizierte Zukunft mehr wegräumen.

Nichts, was du tun kannst, ist originell.
Aber *dass* du es endlich tust.

Religion heißt nicht, dass Herr und Knecht
sich im Unendlichen treffen werden.

Jetzt endlich mal? Ach was, immer noch unendlich.

Mancher ist so lange aufrichtig,
bis ihm Lügen endlich geglaubt werden.

Wieviel Lärm und Bewegung doch nötig sind,
damit endlich Ruhe ist!

Mancher zwingt mich, seine Vorurteile über mich
endlich zu verifizieren.

Vom Unendlichen bleibt am Ende nicht einmal
der leere Weltraum.

Grenzen stehen auf beiden Seiten zugleich.

Die liberale Gesellschaft zeigt unbegrenzte Toleranz
für Erniedrigte und Beleidigte, Mühselige
und Beladene, Notleidende und Habenichtse.

Setz dir Grenzen, um deine nicht kennenzulernen!

Der Beschränkte setzt sich keine Grenzen.

Maler machen bis zur Scherzgrenze unsichtbar,
was sie abbilden.

Die Grenzen, die der eine überschreitet,
übergeht der andere.

Neuere Kunst zeigt nicht mehr Unendliches
im Endlichen, sondern nur noch Enthemmung
im grenzenlos Beschränkten.

Sind Elementarteilchen real und das unbegrenzte All
nur eine Idee oder nur das Universum real und
seine unendliche Teilung ein bloßes Ideal?

Der Beschränkte sieht überall Unermessliches,
der grenzenlos Offene nur Schranken.

Endlose Einschränkungen der Unendlichkeit
ergeben noch kein begrenztes Ding.

Einige Grenzen führen nach beiden Seiten ins Exil.

Erkenntnis ist die ihrer Grenzen
und Irrtum der über seine Grenzenlosigkeit.

Flüchte in deine Grenzen! Grenzenlose Selbstbegrenzung überschreitet alle Entgrenzungen.

Zuviel moderne Kunst ist beschränkt,
weil sie an zu wenig Schranken hochwächst.

Auch schrankenlose Güte macht beschränkt,
und Dummheit beschränkt sich nie auf Wissen.

Beschränktheit : unvollständige Unendlichkeit.

Was hat die Welt an sich,
um in unendlich vieles zerfallen zu können?

Alles ging voran, als du endlich kamst,
alles kommt voran, wenn du endlich gehst.

Endlose Zukunft kann noch verfließen, nicht aber
endlose Vergangenheit schon verflossen sein.

Wichtiger als die Schublade, in der du steckst,
ist der beschränkte Besitzer des Schrankes,
in dem die Schublade steckt.

Aphorismen? Mein Gesichtskreis hat eben
nur unendlich viele Ecken und Kanten.

Wer gar nichts weiß, weiß noch nichts Unendliches.

Tiefstes, Höchstes und Plattestes
haben gemeinsame Grenzen.

Freiheit tanzt auf Grenzlinien
zwischen Diktaturen.

In der Beschränktheit zeigt sich erst
der Zeremonien- und Kerkermeister.

Meine Freiheit ist der Zwang,
sie durch deine zu begrenzen.

Befrei dich aus Grenzen, begrenz dich aus Freiheit!

Ich habe meine Grenzen überwunden,
wenn kein anderer sie überwinden kann.

Das Unendliche ist auch eine Grenze zu dir.

Unser Verstand hat nur die Grenze,
sich keine zu setzen.

Wer nur im Kreis läuft, eckt sogar unendlich oft an.

Wer alles kapiert hat, kann
endlich nach allem fragen.

Wie kommt man endlich vom Endlosen
zum Unendlichen?

Paralleluniversen treffen sich
nicht mal im Unendlichen.

Aphoristik. Auch im geistigen Raum besteht Gerad-
linigkeit aus potenziell unendlich vielen Pointen.

Ein schmaler Abgrund lässt sich überbrücken
oder überspringen, aber kein endloser Abstand.

Ewigkeit besteht nicht aus unendlich
vielen Zeitpunkten, die Zeit aber aus endlich
vielen Ewigkeiten.

Reaktionäre? Endlich mal was Neues.

Die digitale Welt besteht aus (unendlich vielen
reellen Zahlen zwischen) 0 und 1.

Jeder Begriff ist vieldeutig, sofern er jedes
seiner Einzelobjekte bedeuten kann, die unter
ihn fallen, und nicht nur jene, die auf Grenzlinien
zu Nachbarbegriffen liegen.

Meine Beschränktheit beschränkt sich leider
nicht auf den Sinn für unendliche Zahlen
und grenzenlose Weiten des Alls.

Die Grenze meines Erfahrungsvermögens ist
unerfahrbar und die Erfahrung meiner Grenzen
selber begrenzt.

Die beschränkte Welt vorm unendlichen Ideal
und mein beschränkter Kopf vorm unbegrenzten All
– zwei Sorten von Komik.

Logik : Die sichersten Wahrheiten sind die einzigen,
die niemanden interessieren, dem sie die Grenzen
seiner Verrücktheit zeigen.

Schön wirkt alle Selbstbegrenzung
monströser Unförmigkeiten.

Schrankenlose Beschränktheit entsteht, wenn
den Grenzziehungen keine Grenzen gezogen sind.

Fang endlich an aufzuhören,
und hör endlich auf anzufangen!

Befreiung heißt Entlassung in ein größeres
Gefängnis, doch mancher fühlt sich
nur im Unendlichen eingesperrt.

Der *Urknall* des endlichen, aber unbegrenzten
Kosmos zeigt, dass man über Ursprung und Ende
nichts weiß und vermag, aber zwischen Geburt
und Tod mehr Freiheit genießt als Macht.

Der kürzeste Lebensweg zwischen allen Gesichts-
punkten ist nicht der langweilige durch Siegesplätze,
sondern der unendliche durch unberechenbare
Etappen.

Das Leben verneigt sich vor dem Unendlichen,
indem es sich dem Ende zuneigt.

Der Mathematiker ist schon im Unendlichen,
wenn er etwas null Mal in keine Teile teilt.

Beendetes und Verendetes ohne Ende
– warum nicht auch einmal Unendliches?
Ewig immer nur das Zeitliche segnen
 – warum nicht auch mal wieder Ewiges?

Was von uns stirbt, fürchtet kein Sterben.
Unsterblich ist die Todesangst.

Spiel und Spott : Witz, Humor und Komik

Nicht alles, was aus der Ernsthaft befreit, ist Humor.

Auch das Lachen über Flüsterwitze ist zu flüstern.

Aphorismen sind die Schottenwitze
unter den Essays und Satiren.

Der Aphoristiker opfert einen Witz nur einer Sache,
die er dem Witz an der Sache opfern kann.

Wer auf ihren unfeinen Hintergründen besteht,
ist oft nur für die feineren Gesellschaftsspiele
zu ungeschickt.

Heute sind mehr Leute engagiert,
als es Rollen zu spielen gibt.

SPD-Wähler stimmen bestimmt für *soziale
Gerechtigkeit*, doch nur deren Spottlobpreis an.

Panem et Circenses?
Künstler wollen Brot für ihre Spiele.

Herren haben sich noch nie totgelacht.
Knechte hatten zu wenig Witz.

Hegels Idee war ein trockener Witz
auf *Schlegels* frühromantischen Witz.

Witz ist die Fähigkeit, Anpassung in der Auflehnung und Aufstand im Gehorsam sehen zu lassen.

Viele Kinder haben Weisheit,
Erwachsene Wissen(schaft) und Alte Witz.

Fürchtegottlieb. Der Ewige hat Humor, Er spottet
aller Spötter und jeder Beschreibung durch Wesen,
die Er in der Bibel eingehend beschrieb.

Schuldlos schuldig wird unser Wille tragikomisch.

Feste in Festungen feiern. Der Leib kann nicht so,
wie die Seele will, der Geist kann nicht so,
wie der Körper will : Was ist komischer?

Über Weltverbesserer wird gelacht,
warum nicht über Umweltverbesserer?

Vom Haben zum Lachen ist es nur ein Schritt.

Mancher will dich im Ernst totlachen.

Kann ein Bild von dem, was zum Weinen ist,
selber guten Gewissens zum Lachen sein?

Sturmvögel lachen über Gipfelstürmer.

Lächerlichkeit tötet. Leichen lachen lustig weiter.

Lachen ist, wenn man trotzdem Tränen vergießt.

Demokrit dachte und lachte Tränen,
Heraklit meinte und weinte Tränen,
Platon trante oft lachhaft,
und *Kant* lachte sich gesund.

E-Kunst verlacht Leute,
die U-Kunst zum Lachen bringt.

Ein moderner Christ ist lieber ein komischer
Heiliger als ein humorloser Sünder.

Tragik stellt sich nur noch komisch dar
und das Possenspiel als Ernst des Lebens.

Irdisches wirkt vom Himmel aus noch viel
komischer als Himmlisches von hier unten aus.

Nichts ist melancholischer als Clowns
und nichts komischer als Trauerklöße.

Komisch nur, dass es so viele Geisteskrankheiten
in sportlichen Körpern wie gesunden Menschenverstand von Genies in kränklichen Leibern gibt.

Hasst du Witz, den du nicht hast?

Weisheit ist der Witz, Wissen als Aberglaube
schmackhaft zu machen.

Der Kopf hat den Witz, den er nicht macht,
sein Gegner macht den Witz, der er ist.

Sind *Comedians* ernsthaft lebenslustig?

Manche Langeweile besteht aus
hundert lustigen Miszellen.

Gram über nichts ist oft größer als Spaß an allem.

Wer ernste Dinge nicht mit Witz vorträgt,
wird leicht ausgelacht.

Wer über Witz spottet, hat auch Humor.

Männer haben kaum noch Vaterwitz.

Rezeption nach Rezept. Komischer als Witzbücher
sind wissenschaftliche Werke darüber.

Kraus machte Witze über *Freuds* Analyse
seines Witzes. Freud analysierte den Witz
von Kraus über Psychoanalyse.

Kunst bringt mehr Komik als Kosmetik
in den Kosmos.

Komisch wirkt Starrsinn vorm Lebendigen,
aber auch zu viel Flexibilität vorm Charakter.

Humor hast du, human bist du, und Humus wirst du.

Humor haben nur pedantische Griesgrame.

Humor haben nur Sauertöpfe,
ernst machen nur Clowns.

Am lautesten lachen stets die Lächerlichsten.

Der erste und der letzte Anhänger einer Theorie
werden ausgelacht (also hilfreich unterschätzt).

Ist jämmerlich, wer nicht jammert, erbärmlich, wer
sich nicht erbarmt, und lächerlich, wer nicht lacht?

Heute ist man gewissenhaft
und ernsthaft lebenslustig.

Wichtigtuer sind wichtig, für unsere Belustigung.

Auch die Heiterkeit der Kunst
will nicht zu ernst genommen sein.

Muße macht Mühe, die Freude macht;
Freizeit macht Spaß, der (bl)öde macht.

Es kann Spaß machen, alles zu bekämpfen,
was Spaß macht.

Spaß ist jenes Lebensnotwendige,
das keiner brauchen sollte.

Mordsspaß ist ein Freudscher Verhasser.

Verhält sich Spaß zu Ernst wie Ulk zu Ulcus?

Vergebliche Suche nach Wissen
gibt Weisheit oder Witz an der Ur-Sache.

Eltern sündigen, Kinder schämen sich,
Enkel verspotten beides.

Wo die Freude anfängt, hört der Spaß auf.

Lustige Lust auf lästigen Verlust ist christlich
oder masochistisch.

Alle Dinge der Welt ähneln sich und einander,
sofern sie vom selben Gott sind. Ihre Ähnlichkeiten
zeigt nur der Menschenwitz.

Moderne Tragik wird immer komischer,
da die Folge eigener Dummheiten
wie ein blinder Schicksalsschlag wirkt.

Heute (aner)kennt man nur noch komische
Heilige, seit nur noch Komiker uns heilig sind.

Jeder Versschmied muss sich entscheiden:
Lyrik oder Limerick! Scherzgedichte sind
die Poesie des prosaischen Menschen.

Wann wird das Verlachen des eigenen
Gelächters zum Ernst des Lebens?

Seit Shakespeare wirkt aller Ernst des Lebens
wie blutige Pausenclownerie zwischen
Geburts- und Todestheater.

Lustige Lust auf lästigen Verlust ist christlich
oder masochistisch.

Geistige Arbeit ist Spaß, den keiner versteht,
oder macht keinen Spaß, den jeder versteht.

Ich mach nur Spaß. Man versteht ja Spaß,
aber so, dass er mir vor Freude vergeht.

Das Schlimme ist nicht die *Spaßgesellschaft*, sondern dass uns das Spießgesellige mehr Spaß macht
als das Lesen und Schreiben ernsthafter Werke.

Ein Bombenerfolg von Mordskerlen ist
im Schlachtfest ein Mords- und Heidenspaß.

Kinder spielen den Ernst des künftigen Lebens, Große spielen den Ernst des gestrigen
Lebens nach und nehmen die Spielräume
von vorgestern todernst.

Literaturwissenschaftler wollen im Ernst Werke
durchschauen, die die Welt gar nicht durchschauen,
sondern mit ihnen spielen wollen.

Witze nehmen uns ernster als wir uns selbst.

Widerlege ernsthaft Dinge, die niemand
je im Ernst behaupten würde, und treibe sie
ins Aberwitzige, indem du es auf mögliche
Ursachen und Folgen zurückführst.

Texte, die ernst zu nehmen sind,
parodieren deshalb nicht ihre Parodien.

Geht der Lehrer in Pension, fängt der Ernst
des Lebens an wie für jeden, der von der Schule
abgeht.

Wer ernst macht, braucht Mut und Gewissen;
wer spielen will, hat Kunst und Wissenschaft.

Am lächerlichen Aufzug ist der Irrtum so wenig
zu erkennen wie die Wahrheit am ernsten Gesicht.

Der leibliche Vater bildet den lachenden
oder ausgelachten Dritten im Bunde von Weib
und Kind wie der himmlische Vater im Bunde
von Erdensohn und Mutter Natur.

Wer sich nicht ernstnimmt, wird nicht erstgenom-
men, doch ausgelacht wird, wer sich nie auslacht.

Um den Witz bei der Sache zu finden, muss man
sie ernst genug nehmen, und wer sich lustig macht,
hat Lust, ernstgenommen zu werden.

Was die Glieder einer Gemeinschaft verbindet,
ist auch ein Witz, und ernst zu nehmen,
was sie witzlos trennt.

Pop oder Volk? U-Kunst nimmt sich ernst,
E-Kunst unterhält.

Diktatoren diktieren : "Es darf gelacht werden!"
– Aber nicht darüber.

Mancher liebt und lacht und weint sogar,
weil das gesund sein soll.

Ein Lob mindert die Güte, ein Witz die Bosheit.

Mitmenschen gibt es, damit jeder weiß,
ob er Tränen lachen oder weinen soll.

Der eine lacht Tränen, der andere weint
vor Glück, doch das Auge sieht nicht
gegen den Strom der Tränen an.

Früh krümmt sich, was ein Weltraum werden will,
vor Lachen. Last, Schmerz oder Unterwürfigkeit.

Man lacht über den Ungewitzten,
der ein guter Witz ist und keinen macht.

Wenn das Unbewusste zu scherzen beliebt, muss
das Bewusstsein nicht witzlos oder ungewitzt sein.

Die Tragiker von heute wirken
wie die Humoristen von morgen.

Humorlose Menschen werden zur Strafe
selber komische Figuren.

Philosophie ist auch als *Philognomie* möglich,
als Liebe zum Witz bei der (Ur-)Sache.

Moderne Kunst wurde ein schlechter Witz,
der nicht erst beim zweiten Mal nicht zündet.

Der Witz der frühromantischen Ironisten *Schlegel*
und *Novalis* hat einen unterschwelligen Bezug
zur logischen Grundrelation der „Ähnlichkeitser-
innerung", die der Positivist *Rudolf Carnap* 1928
zum Fundament seiner Konstitutionstheorie machte
in „Der logische Aufbau der Welt".

Was Gott und die Welt und den Menschen
verbindet, ist kein Begriff, sondern vielleicht
ein Witz bei der Ur-Sache.

Im Witz fällt ein Individuum unter einen Begriff,
dem es widerspricht, indem es einen anderen Begriff
sprengt, dem es entspricht.

Hegel begriff alle geistreichen Witze *Schlegels*
als gewitzte Bruchstücke eines Universalwitzes,
den *Adorno* ganz witzlos fand.

Im Ich wie im Witz hängt zusammen,
was im All nicht zusammengehört.

Kann ein Begriff – oder auch Witz – nur Gemein-
samkeiten zwischen Dingen entdecken, welche
demselben Urheber oder Ursprung entstammen?

Tyrannen könn(t)en ungestraft spottende Völker
leichter regieren.

Kunst spottet sinnlicher Lust und Hygiene, dem
Spiel und Sport und Schmuck, Sinn und Verstand.

Krebs spottet oft jeder Verschreibung.

Freier, fester, eiserner, eigener oder guter Wille?

Der freie Wille wird geleugnet,
um uns die beschämende Entdeckung zu ersparen,
dass gar nichts zu wählen da ist.

Ein Masochist, dieses Opfer des freien Willens,
Opfer zu sein, ist ein Mensch, der nur für seine
Schwächen eine Schwäche hat.

Willensfreiheit und Gedankenfreiheit ersetzen
nicht Willen und Gedanken, aber die Religions-
freiheit hat letztlich nur von der Religion befreit.

Auch der Schwächste hat manchmal
einen festen Willen zu einem festen Willen.

Presse- und (meist ungenutzte) Rede- wie
Versammlungsfreiheit müssen heute Gedanken
und Willensfreiheit ersetzen.

Der Wille ist das beste Mittel,
um den Widerwillen anderer zu erregen.

Er wollte, dass sie ihm zu Willen war;
sie wollte, dass er ihr zu Villen war.

Ein guter Mensch müsste wollen, dass seine Kinder
gegen ihn schlechter werden dürfen.

Psychotherapeuten leihen uns ihr Ohr
zu Wucherpreisen, um uns zu dem zu überreden,
was wir sowieso wollen.

Glauben wir zu wollen, weil wir nicht dürfen?
Dürfen wir nicht, was wir wollen oder um nicht
zu merken, dass wir wohl gar nicht können?

Unsere Identität entsteht durch Vergleich der Hel-
dentaten, die Jugendliche vollbringen wollten, mit
denen, die sie als Greise vollbracht haben wollen.

Du kannst erreichen, was du willst,
aber nicht gewollt haben, was du erreichst.

Dass die Menschen nicht glücklich werden
mit dem, was sie haben, beweist nicht ihre
Unersättlichkeit, sondern dass sie eigentlich
etwas ganz anderes wollen.

Niemand wurde geboren, weil er es so wollte.
Trotzdem will er nicht sterben.

Wir wollen nicht klüger werden,
weil wir nicht älter werden wollen.

Niemand ist, was er gewesen sein wird,
und wer wird gewesen sein wollen, was er ist?

Weniger Kopf wollt ihr heute?
Seid ihr denn je mehr als nur Bauch gewesen?

Sag mir, wohin deine Kinder wollen,
und ich sag dir, woher deine Eltern kommen.

Ich will noch einmal so jung sein, wie ich damals
so alt sein wollte, wie ich heute bin.

Alle wollen immer nur das Eine : Jedem das Seine,
auch mir das Deine.

Nichts ist langweiliger als Leute,
die einfach nur tun, was sie wollen.

Wir wollen lieber hundert werden
als noch einmal zehn Jahre alt sein.

Auch *Nietzsche* und *Foucault* wollten an die Macht
– durch Philosophien des Machtwillens.

Soll ich sollen, kannst du können,
will wer wollen, dürfen wir müssen?

Leben : Lieber nichts Ungewolltes haben
als Gewolltes nicht haben?

Der *Sinn des Lebens*? Sein Wille geschehe.
Oder wenigstens nicht deiner.

Wer den freien Willen nicht im Hirn entdeckt, sollte
ihn nicht in der Hose suchen oder im Herzen finden.

Könnte ein Determinierter einen freien Willen
überhaupt entdecken?

Will jeder Willensfreiheit haben,
und ist sein Freiheitswille selber frei?

Hirnforschung spricht unseren Willen frei,
indem sie ihn unfrei spricht.

Warum widersteht die Welt unserem Willen
weniger als unserem Wissen?

Demokratie : Der Wille der Mehrheit ist nun zu oft
in der Minderheit.

Autonomie heißt nie, dem eigenen freien Willen
freiwillig zu willen sein.

Willensfreiheit ist die Wahl einer ganzen Partei.

Wissenschaftler befreien uns
von der gefürchteten Willensfreiheit.

Hat Freuds „Unbewusstes" den freien Willen,
den es uns entzieht, oder ist das „Ubw" nur das
„falsche Bewusstsein" von treibenden Kräften?

Wo ein eiserner Wille ist, da ist auch ein Holzweg.
Wo ein Widerwille ist, da ist auch ein Rückweg.
Wo ein freier Wille ist, da sind auch zu viele Wege.

Freier Wille wählt den Grund,
aus dem er etwas getan haben will.

Mit aufrechtem Gang beginnt der Aufstiegswille
des Lebenslaufs.

Wer alles vernichten will, stoppe nicht
vorm eigenen Vernichtungswillen.

Kant wandte nur das BGB an
auf Wissen, Willen und Kunst.

CT. Man will liberal sein
und leugnet den freien Willen.

Eiserner Wille liegt oder legt gern in Ketten.

Wer an Wissen zunimmt, nimmt an Willen ab.

Logik ist die Moral des besten Wissens
und Moral die Logik des guten Willens.

Auch Verbrecher wollen keinen Polizeistaat.

Guter Wille? Je besser für die Villen,
desto böser für den Willen.

Willst du gut sein, um vor der Allmacht
oder vor dem Willen des Ewigen zu bestehen?

Einst wollte jeder ein anständiger Normalo,
heute will er ein originelles Schlitzohr sein.

Werdet wie die Kinder,
die nicht werden wollen wie ihr!

Wohltäter : Untätige, die ertappt werden wollen.

Niemand lebt, weil er´s so wollte,
sonst hätte er´s längst über.

Wie ich selbst sollst du sein wollen, nicht sein.

Jeder kann nun tun und lassen, was er will. Ob er
will oder nicht. Ich wollte, ich könnte richtig wollen.

Kann man willenlos oder unwillig sein wollen?

Meinungsfreiheit ist für alle,
die nichts lernen wollen.

Sperrt alle ein, die euch ausschließen wollen,
und sperrt aus, die euch einschließen können.

Ich kann nicht tun, was ich will,
sondern nur wollen, was ich bin.

Man muss sich dumm genug fühlen, um lernen zu
wollen, und noch klug genug, um lernen zu können.

Ist es weise, gar nicht weise werden zu wollen?

Das höchste Prestigeobjekt ist es, keins zu wollen.

Erspart mir das Leid, es mir ersparen zu wollen.

Ich will meinen, nicht freien Willen.

Der Wille ist schon unfrei?
Der Unwille ist noch frei.

Was determiniert (oder befreit) jemanden dazu,
Determinismus oder Willensfreiheit anzunehmen?

Man will gemeinhin für das Gemeinwohl
mehr wirken als für den Willen der Mehrheit.

Böser Wille hat Glück, Pech hatte guten Willen.

Was für den Willen nur kaltes Licht,
ist für das Wissen dunkle Wärme.

Freier Wille ist die Mohrrübe
vorm störrischen Esel, der den Karren zieht.

Hirnforscher sind so frei, ihre Willensfreiheit
zu leugnen, und so unfrei, ihre Hirnfreiheit
behaupten zu müssen.

Dass menschlicher Wille frei ist, folgt logisch
konsequent und in vollem Determinismus
aus der Würde der gottgeschaffenen Seele.

Dank seines freien Willens ist man(cher) unfrei
und von seiner Freiheit zu sehr gefesselt.

Wo ein Dienstweg ist, da ist auch ein Widerwille,
wo ein guter Wille ist, auch ein Bremsweg,
und wo ein unfreier Wille ist,
da ist auch ein Hirnforscher auf seinem Irrweg.

Der unfreie Wille wäscht nun sein Gehirn in Schuld.

Jeder ist jetzt zu einem Gewissen berechtigt
und zu einem eigenen Willen verpflichtet.

Mein Wille wird von Naturgesetzen dazu bestimmt,
vorbestimmt zu sein, und von Kultursatzungen
dazu bestimmt, selbstbestimmt zu leben.

Für Hirnforscher gehört ein eiserner Wille zum
alten Eisen und trägt Hand- und Kopfschellen.

Der paradiesische *Garten Eden* enthält all das,
was die Mehrheit der Menschen niemals gewollt
hat, und einen freien Willen gibt es wohl nur
zu Dingen, die niemand will.

Immer Schlimmeres kommt von gutem Willen
und Gewissen, doch weniger Gutes von bösen
Geistern und Gedanken.

Nietzsches Wille zur Macht will gar nichts wissen.

Demokraten sind meist Deterministen,
und Tyrannen verordnen den freien Willen
ohne freie Wahlen.

Der Himmel gab uns freien Willen,
damit wir irren, und klaren Verstand,
damit wir uns auch darüber irren können.

Ein Hirnforscher kann gegenüber seinem
unfreien Willen immerhin seinen freien
Unwillen durchsetzen.

Heutige Hirnforscher haben entdeckt,
dass wir keinen freien Willen haben. Es wird
schon stimmen, dass wir nicht frei sein wollen.

Hirnforscher haben jüngst entdeckt, dass der
Computer-Tomograph in ihren Hirnen keinen
freien Willen entdecken konnte.

Der Mensch von heute hat keinen *freien* Willen.
Dieser Spielball seiner Launen hat nicht einmal
einen *guten* und *festen* Willen.

Wären unsere Werke so gut wie unser Wille,
dürften Humanisten ein gutes Gewissen haben.

Der Wille kann sich befreien, wirkt aber
so gebändigt wie das Gesetz, das er wählt.

Willenlose haben wenigstens keinen schlechten
oder gar bösen Willen.

Die Hirnforschung sagt Willensfreiheit
und meint die Bibel.

Unbewusstsein und Unwissen sind Ohnmacht,
doch der Wille zur Ohnmacht macht klug.

Die moderne Wissenschaft sagt, der moderne
Mensch habe keinen freien Willen. Hat er überhaupt
einen Willen, geschweige denn einen guten oder
auch nur festen? Er ist nicht einmal determiniert,
unfähig festzustellen, was nun einmal feststeht.

Wenn nur die Besten und nicht nur der gute Wille
uns regieren dürfen, siegt Natur über Vernunft
und Gerechtigkeit.

Die Zeit, die jeder Wille braucht, um sich zu bilden und auszuwirken, indem er stets durchkreuzt wird von denen, die er selbst durchkreuzt, nennt sich Zeitgeschichte.

Wer die Abhängigkeit der Welt vom Schöpfer bestreiten will, muss die Unabhängigkeit seines Bewusstseins vom Sein (und seines Unwillens vom Unbewussten) widerlegen.

Die Hirnforschung beweist mir, dass ich nicht einmal genug freien Willen habe, den Glauben daran aufzugeben.

Willkommen: Schopenhauer hatte eine willenlose Vorstellung vom Unwillen der Welt.

Ein freier Wille bewilligt,
wo ein unfreier unwillig einwilligt.

Ein guter Wille zu guten Werken ist das Beste in der Ethik, nicht in der Ästhetik.

Dein Hirn bringt die Motive für deine Handlungen hervor, dein Wille das Motiv für diese Motive.

Die Welt will betrogen sein, heißt es. Sie hat
das Recht, dass man ihr nicht ihren Willen lässt.

Urteilskraft hat wohl Aussagekraft, aber ohne
Willens- und Einbildungskraft wenig Beweiskraft.

Hirnforscher entwickeln die Zwangsneurose,
gar keinen freien Willen zu haben,
und diagnostizieren unsere Zwangsneurose,
einen freien Willen haben zu wollen.

Der unfreie Wille stammt von Mutter Natur,
der freie Unwille verdankt sich Gottvater.

Wer grundsätzlich nicht naturwissenschaftlich
feststellen kann, ob sein Wille frei ist, hat damit
nicht festgestellt, dass er nicht frei ist.

Demokratie heute : Der Wille der einfachen
Mehrheit soll jeder qualifizierten Minderheit
zu Willen sein.

Bei Kants *Ding an sich* handelte es sich weniger
um *Schopenhauers* als – um Gottes Willen.

Den Verstand sah *Schopenhauer* im Dienst
des Willens und *Freud* im Joch der Triebe,
also den Menschen wenigstens klug genug,
sich von seiner Dummheit besiegt zu sehen.

Wer Entscheidungen als Erkenntnisse maskiert
oder wahres Wissen als freien Willen, weiß nicht,
was er will, oder will nicht, was er weiß.

Auch das reine Wissen um seiner selbst willen
hat einen guten Nutzen. Es dient unserem guten
Willen nach Wissen um seiner selbst willen.

Ist es nicht merkwürdig, dass *Schopenhauer*
seinen verhassten Willen vom geliebten Vater
und sein geliebtes Wissen von der verhassten Mutter
geerbt haben wollte?

Welcher Hirnforscher kann freiwillig
seinen Willen untersuchen und seine Überzeugung
von dessen Freiheit aufgeben?

Seit *Nietzsche* hat jeder einen Machtwillen
ohne (maskierenden) Bildungshunger
statt einen Wissensdurst ohne Machthunger.

Ihren Willen halten Gesetzestreue für frei,
Gesetzesbrecher für unfrei.

Lockes gemeiner Wille aller verhält sich
zu *Rousseaus* Allgemeinwillen wie die Französische
zur Russischen Revolution.

Manchem gibt es am meisten, dass jeder willens
und unfähig ist, ihm etwas zu geben.

Das Vaterwort ist das schwierigste Fremdwort

Die schwierigste Fremdsprache scheint uns hierzulande die Vatersprache zu sein, und Fremdwörter selber haben einen denkbar schlechten Ruf, gelten sie doch als Beweis von bildungsbürgerlich distanzierendem Klassendünkel. Aber der gewissenhafte Operateur schneidet manchmal muttersprachliche Wucherungen aus einem Textgewebe heraus und "schiebt als silberne Rippe ein Fremdwort ein." (*Walter Benjamin*, "Einbahnstraße", 1928). Benjamins Meisterschüler *Theodor W. Adorno* verteidigte unübersetzbare Valeurs von sprachlichen Gastarbeitern vehement gegen barbarische Deutschtümeleien und muttersprachliche Inzucht.

Als z. B. Versailles noch Europas führende Kulturmacht war, wehrten sich die alten Berliner Franzosenfresser und Freiheitskämpfer auch durch barocke Sprachpuristen. "Desinvolture" ist aber eben gelegentlich eine entscheidende Spur anders und angemessener als nur urgermanische "Zwanglosigkeit". Eingebürgerte Fremdwörter wollen keine Klassenschranken zwischen Elite und Pöbel zementieren, sondern nuancierten Ausdruck nur gegen grobschlächtig zementierte Machtworte verteidigen. Niemand wird deshalb eine klare und präzise muttersprachliche Textformulierung mutwillig und sachlich grundlos in beliebige Fremdwörter übersetzen, nur um sich aufzuplustern und dicke zu tun, aber ....

Die Wissenschaften z. B. hüten zurecht ihre neutral normierten fremdsprachigen (traditionell zumeist griechisch-lateinischen) Fachterminologien gegen umgangssprachliche Vieldeutigkeiten und Schlampereien. Aber auch der Essayist oder Literaturfabrikant verschmähe keine verfremdenden und deshalb die Aufmerksamkeit anregenden Fremdwörter, um Texte gelegentlich aufzurauen und abgenutzte Bedeutungskonfektion um buntere Schattierungen zu bereichern. Ein zu glatter Rede- und Lesefluss will immer wieder einmal unterbrochen werden, und eingestreute Fremdwörter sind nützliche Stolpersteinchen für das über alles hinwegdösende Denken.

Ein Fremdwort ist kein störender Fremdkörper, der stets zu entfernen ist, damit die angestammten Spracheinwohner tunlichst unter sich bleiben. Es gibt Wortpatrioten und Muttersprachchauvinisten, welche soziale und sexuelle "Diversitäten" ebenso leidenschaftlich verteidigen wie ausländische Sprachimmigranten "identitär" verfolgen, aber eigene „Identität"" ist ja gerade kein fremdenfürchtig ("xenophob") steriler Reinheitswahn eines Lingualmatriarchats. Ohne die Fremdsprache des Vaterworts bleibt jeder Redner und Schreiber am Rockzipfel der Muttersprache ewig hängen und wird sprachlich nie ganz erwachsen. Welche Nase, bitte, will schon ein "Gesichtserker" sein?

Die Muttersprachgrenze überschritten wäre erst etwa mit folgendem abschreckenden Modellbeispiel, doch nicht viel eher :

"Der Acheiropoeta steht vor seiner Abrogation. Seine Eubulie verhält sich zur Eusebie wie die Asebie zur abyssalen Abulie. Meine Exeguität ist ex officio voller sexaltierter Exigenz und Sexkulpation. Beantragt Exemtion von aller Exequierung! Coitus vor Exitus ist sexistenzieller. Keine Expellantien ohne extrapunitive Exsekrationen es professo, keine dispensablen Exulanten ohne exzeptionelle Exzedenten, *exaudite!* Aristische Insurgenzinterdikte devolvieren schon zu kataplektischen Diathesen, doch die Gesellschaften stratifizieren ja immer noch katogen ohne Kenosen. Individuen koag(ul)ieren und konglutinieren weiter, kommodieren sich ihrer kompulsiven Konfination. Komestibilien devalidieren, Revidenten kavieren für rheotaktische Retiraden, und die Rotüre ruminiert nur noch ihre kontestable und grundkontorte Rapazität. Die Konnivenz von Quibbles wächst konkludent mit den konjekturalen Konfutationen, und konstriktive Realrepugnanzen regalieren refraktäre Railleure wie remunerierte Remonstranten, um sekkant Sedendäres wie Seditiöses ohne skabröse Seduktion skoptophob zu solennisieren.– Soziale Speläologen harangieren spinös und fatigant zugleich.in faktiösen Agraphen des Exigenten und Exiguinen, bis der Gargalismus der Kultur den nur dekrepiden Detumeszenztrieb blagiert. Detachierte Enkomiasten detestieren Detestate in ihren vigilant versatilen Diallelen, zertieren mit der Vorazität von Piezogesellschaften und debetieren böotisch aversionierte Dispacheuren des defraudierten Sozialhenismus. Biliöse Idoneität tadiös deletärer Ganeonen debauchiert zu pitoyabler Pimelose und azephaler Idiolatrie ohne alle Lävogyrität. Das Ökoviridarium nur verboser Logorrhöe schwankte zwischen Lugubrität und konzinn mesquiner Konspicuität. Oublietten des Neopaganismus akzelertieren die Lenition der Konjurierten, obzwar die Quotidiana unseres Pis-aller die promulgierte Pleonexie und Doromanie, ja, alle Prodigalität des amodernen Doketismus jeglichen pönologischen Pithiatismus beraubt."

Unwetter ist auch nur ein Wetter
... und was für eins!

Es *hagelt* Beschwerden
Von *tobenden* Herden
Gegens Wetter auf Erden.
Was soll nur werden?

Man *stürmt* die Läden,
Überschwemmt uns mit Reden:
St. Pitter macht Klimagewitter.

Und vor uns die Sintflut
Durch weltweite Windwut,
Vergossenes Kindblut?

(Und giftiges MINT-Gut,
Tollkühner Übermut,
Nur blind auf seiner Hut?)

Donnerwetter!
Da naht der Retter
Gegen die Bretter
Vorm Kopp voll Pop:

"Annalene",
Ei(s)weiße Zähne,
Und ganz alleene
Auf giftgrüne Beene ...

To make a long story short : *Epilog*

Brechts grobe Wahrheit. „Schreckliche Verein-
fachung" ist so weit zu treiben, dass sie nichts
versimpelt, sondern es ganz neu zu sehen gibt.

Wer demokratische Macht behalten will,
darf sie kaum nutzen.

Erst war der Ewige in Seinem Wort
und dann nur noch in unseren Gefühlen.

Litotes. Unwahrheiten über Unwahrheiten
sind noch keine Wahrheiten.

Ein Wunder liegt auch darin, dass alles wunderbar
ist und doch zugleich wie nichts, und dass du zu
nichts auf der Welt bist als zum Staunen darüber.

Himmel heißt, mehr vor sich zu haben
als den Weltraum.

Larochefoucauld und Kardinal de Retz

Aus „Memoiren" des Kardinal de Retz
(Paul de Gondi, 1613 - 1679)

Deutsch von Walter Maria Guggenheimer

„Immer gab es ein schwer zu fassendes je ne sais quoi um den ganzen Monsieur **de la Roche-foucauld**. Seit seiner Kindheit wollte er in Intrigen sich mischen, dies zu einer Zeit, da er für kleinliche Rücksichten keinen Sinn hatte — sie sind übrigens seine Schwäche nie gewesen; die großen aber kannte er noch nicht. Er ist niemals zu irgendeiner Unternehmung fähig gewesen, ich weiß selbst nicht warum; denn bei jedem anderen hätten die Eigenschaften, die er besaß, jene ersetzt, die ihm mangelten. Er war nicht eben weitblickend und überblickte nicht einmal in einem, was ihm zum Greifen nahe war; eigentlich aber hätten sein kluger und im Planen höchst brauchbarer Verstand, hätten, hinzukommend, sein freundliches Wesen, seine Gabe, sich beliebt zu machen, und seine Anpassungsfähigkeit, die außerordentlich war, bei ihm den Mangel an durchdringender Urteilskraft wettmachen sollen. Unentschlossenheit war ihm seit je zur Gewohnheit geworden; worauf sie zurückzuführen ist, wüsste ich jedoch selbst nicht zu sagen. Von einem

Übermaß an Einbildungskraft kam sie jedenfalls nicht, denn die war alles andere als lebhaft. Ebenso wenig möchte ich die Ursache in einem Versagen seiner Urteilskraft suchen; obwohl sie nämlich im Laufe der Aktion nicht eben auserlesen ist, verfügt er doch über ein gesundes Maß an Vernunft. Jedenfalls sehen wir die Folgen dieser Entschlusslosigkeit, ohne ihre Gründe zu kennen. Ein Kriegsmann war er nie, obzwar sehr soldatisch. Nie auch ist er, von sich aus, ein guter Hofmann gewesen, obschon er den besten Willen dazu hatte. Und für Parteikämpfe hat er sich niemals geeignet, obwohl er sein Leben lang in sie verwickelt blieb. Jenes verlegene und schüchterne Wesen, das Sie an ihm im täglichen Leben beobachteten, hatte sich in öffentlichen Angelegenheiten in eine Art von ständiger Rechtfertigung verwandelt. Immer glaubte er sie nötig zu haben; dies, und seine *Maximes,* die ja nicht eben viel Vertrauen zur Tüchtigkeit verraten, und der Umstand, dass er immer mit ebenso viel Ungeduld aus Unternehmungen auszusteigen versuchte, wie er bewiesen hatte, an ihnen teilzunehmen — aus dem allen schließe ich, dass er besser daran getan hätte, sich selbst richtig einzuschätzen und, was ihm durchaus möglich gewesen wäre, als der höflichste Höfling des Jahrhunderts zu gelten."
(Frankfurt/Main 1964, Seite 105 ff.)

Wolf Lepenies : „Sainte-Beuve"
Auf der Schwelle zur Moderne
München 1997 / 2006

„Den Kardinal Retz, der sich von seinem aufrechten Feind zu seinem boshaften Freund wandelte, irritierte an La Rochefoucauld, daß er nie zu fassen war. La Rochefoucauld war vieles, aber nichts war er ganz : er war kein wirklicher Krieger, obwohl er lange Zeit Soldat gewesen war; er wurde nie ein guter Höfling, obwohl er sich anstrengte, einer zu sein; immer engagiert, wurde er doch nicht zum Mann einer Partei. Sainte-Beuve zitiert die Charakteristik, die Retz von La Rochefoucauld gibt, mit Zustimmung – aber er protestiert, als Retz dem Autor der *Maximes* die Einbildungskraft abspricht. Die Einbildungskraft war vielmehr stark in La Rochefoucauld, und sie vor allem ist es, die erklärt, warum dieser Lebenslauf immer zugleich der Roman eines Lebens war."

„Die *Maximes et Réflexions* sind nicht die Kompensation einer abgebrochenen *vita activa,* sie sind der Höhepunkt eines einzigen Lebens und die naturbestimmte Krönung einer literarischen Laufbahn. Was auf den ersten Blick wie ein Schiffbruch erscheint, erweist sich zuletzt als ein Sieg der Literatur über die Politik." (a. a. O., Seite 244 - 246)

Errungenschaften und Schwachstellen
der Euro-Philosophie

Die Errungenschaften europäischer Philosophen :

HERAKLIT philosophierte in unsystematisch dialektischen Rätselsprüchen.

SOKRATES diskutierte Leute ins Eingeständnis hinein, gar nichts zu wissen.

PLATON verteidigte objektive Ideen gegen Idiotien und Idole dialogisch.

ARISTOTELES begründete die formale Logik und wurde zugleich realistisch konkreter als Platons Logos.

EPIKUR lebte mit Sklaven und Frauen fern der Öffentlichkeit im philosophischen Garten Eden.

Stoiker SENECA schärfte das konzise aphoristische Stilideal des Philosophierens.

Der witzgebildete Kyniker DIOGENES („irrer Sokrates") lebte naturnah und dachte kulturfern asozial.

THOMAS v Aquin vereinte unglaubliches Christentum mit aristotelisch gesundem Menschenverstand.

Der Mathematiker PASCAL verteidigte die Religion gegen Wissenschaft und Philosophie durch fragmentierte "Gedanken".

Leider zweifelte DESCARTES nie ausschließlich an sich selbst statt an allem anderen.

Logiker SPINOZA sah die Natur göttlich
und die Kultur sterblich.

Der Monadologiker LEIBNIZ sah Glanz
und Grenzen mathematischer Weltatomisierung.

ROUSSEAU verteidigte Naturvölker
gegen Hochkulturen.

HUME verteidigte Naturgesetze, Gottes Gewohnheiten, gegen naturwissenschaftliche Kausalitäten.

KANTs Witz übersetzte die Moraltheorie
des Alten Testaments ins Philosophische.

FICHTE abstrahierte von allem Nicht-Fichte,
indem er es stückweise verschlang.

SCHELLING betonte 1809 gegen Kant
die Naturgebundenheit menschlicher Freiheit.

SCHLEGELS frühromantische Ironie spielte voller
aphoristischem Witz mit Wissen(schaft) und Kunst.

HEGEL übersetzte den urdeutschen Protestantismus
ins Philosophische und vollendete die Euro-Meta-
physik, indem er antike Substanzialität durch freie
Subjektivität rekonstruierte.

MARX diagnostizierte den Kapitalismus als Herr-
Knecht-Verhältnis im modernen Industrialismus.

SCHOPENHAUER erhob Mitleid zum obersten
Moralprinzip und zweckfreies Wissen
zum Sieger über blinden Weltwillen.

NIETZSCHE überkompensierte seine Lebensunfä-
higkeit durch weltmeisterlich moralistische Lebenskunst als aphoristischer Entlarvungspsychologe.

Der logische Mystiker WITTGENSTEIN träumte
von einem seriösen philosophischen Werk aus lauter
Scherzen : Geist als Witz.

Idea statt Begriff : Der Mathematiker HUSSERL rehabilitierte die platonische "Wesensschau" durch "freie Variationen" ohne real Existierendes. Seher?

HEIDEGGER sah eine andere Seinsenthüllung als durch naturwissenschaftlich-technisches „Gestell".

Der „absolute Intellektuelle" SARTRE war der einzige Dichter und Denker in Personalunion.

FOUCAULT sah Nietzsches Machtwillen unpersönlich systemstrukturell.

ADORNO rechtfertigte den individualistischen Aphorismus als genuinste philosophische Form gegen alle Geistes- und Gesellschaftssysteme.

MARQUARDT kompensierte am geistreichstem.

BLUMENBERG philosophierte ebenso geistteich gegen Realitätsabsolutismus.

Der bedeutendste Philosoph des 20. Jahrhunderts war der orthodoxe Katholik CHESTERTON.

Und nun die Schwachstellen der Euro-Philosophie:

Mit dem **parmenideischen** Sein ist es nichts mehr, seit es nur noch unentwegte Beweglichkeit ohne Bewegtes gibt.

Heraklits Papierkrieg war der (weinende) Doktorvater aller geistreichen Dinge.

Demokrit von Abdera zerlegte lachend die ganze Welt in Atome, ohne sie daraus wieder rekonstruieren zu können, und wurde damit hundert Jahre alt.

Tagedieb **Sokrates** wusste nicht, dass er alles wusste, und hielt damit die Leute nur von der Arbeit ab.

Seine dreiständige Staatsutopie der "Philosophenkönige" ist totalitär. Waren **Platons** Meinungen die Ideale der Ideen selber und seine Urbilder bloß perfekte Abbilder ihrer Kopien? Undinge-an-sich sind heute die unbedingten Bedingungen ihrer hinreichenden Bedingungen.

Gegen **Aristoteles** ist ein Einzelpferd das Einzige, in dem die platonische Idee des Pferdes nicht steckt, und für Aristoteles jede Laiendemokratie der gewöhnlichen Sterblichen nur künftige Pöbelherrschaft.

Gartenphilosoph **Epikur** sah die Spitzenschlemmerei in gemäßigter Askese, und Stoiker **Seneca** seine unerschütterliche Besitzgier als höchste Form philosophischer Unabhängigkeit.

Drei mathematische Rationalisten:

Descartes existierte das halbe Leben lang nicht, wenn er schlief, und dachte an gar nichts, wenn er nur dasaß und sich geistesabwesend breitmachte.

Spinoza betete sein eigenes Naturell an und vergötterte Mutter Natur, indem er Gottvater materialisierte, der Kopf und Bauch bekam.

Differenzialindividualist **Leibniz**, der damals alles wusste, was die Menschheit überhaupt weiß, sah in jedem seiner Geistesquanten mehr als ihre materialistische Vermassung : Jedes der Individuen sei mehr als deren Gesellschaft.

Aufklärer KANT glaubte im Alltag seinen eigenen transzendentalen Idealismus nicht, da er wenigstens seine eigenen Bücher wohl nicht als ihm unbekannte Dinge-an-sich hinter ihren bekannten Erscheinungsmasken sah. Kants empirische Sinneserfahrungen der Natur sind nur physikalische Mess-

daten. Die "Kritik der reinen Vernunft" ist philosophische Grundlegung nur der naturwissenschaftlich-
technisch-industriellen Welt, Heideggers "Gestell".
Handle nicht so, dass die wahren (verdrängten) Maximen deines Handelns jederzeit als Prinzipien einer
allgemeinen Gesetzgebung gelten können! (Diese
wahren moralischen Grundsätze lassen sich mit
Nietzsche nur moralistisch tiefenpsychologisch ent-
larven.) Kant fühlte sich von seinen Trieben nur
getrieben, litt unter seinen Leidenschaften und
fürchtete und hasste alles Unwillkürliche wie seine
eigenen Gefühle, Ästhetik : Ein schöner weiblicher
Akt sei weder Wichsvorlage noch eheliche Pflicht.

Für den freien Tathändler FICHTE bestimmt das Du
sein vergöttertes Ich dazu, sein Alter-Ego bestimmt
selbst zu bestimmen. Das machte den trockenen
Hegel zum trunkenen Dialektiker.

Granit? „Dunkelhut" SCHELLING machte die
Kunst ohne Kunstphilosophie zum Hauptorgan der
naturpotenten Philosophie und war doch mehr
Mythologe als Künstler.

HEGEL sah alle Ideen realisiert, indem er die
Realität idealisierte gegen Witzbold Schlegels „faule
Existenz". Deutscher Protestantismus auf Philoso-

phisch ist allerdings nicht gerade der Gipfel aller Religion. Über Herr und Knecht kam die Geistesgeschichte nie hinweg, solange der Knecht nicht das "absolute Wissen" von Kunst, Religion und Philosophie gewinnt. Herr und Knecht erkennen einander an – aber nur als Herr und Knecht.

Großbürger MARX, von Fabrikant Engels ausgehalten, akkumulierte seine kapitallose Armut zum geistreichen Opus „Kapital", wollte aber gar nicht wissen, was konkrete Proleten wissen und wollen. Diagnose korrekt, Therapie tödlich.

Der Euro-Buddhist SCHOPENHAUER verneinte seinen Lebenswillen als erbreicher Vielfraß und sah die Zukunft des Pessimismus etwas zu optimistisch.

Der nervenschwache Krüppel NIETZSCHE träumte vom übergesunden Übermenschen ohne Über-Ich und vergötzte die fehlende Vitalität pur.
  „Gewissen ist ein Wort für Feige nur,
  Zum Einhalt für den Starken nur erdacht."
(Shakespeares bucklig irrer König Richard III. vor seinem Sturz)

Der schwule Mystiker WITTGENSTEIN therapierte die Alltagssprachspiele zu Tode, weil er in keinem logischen Widerspruch eine Tatsachenwahrheit erkennen konnte.

Der rechte Schwarzwaldschrat HEIDEGGER schob sein "Ge-stell" in die vaginale "Seinslichtung" der Mutter Natur und ward damit der größte philosophische Pornograph Europas.

Großbürger SARTRE meldete ein existenzialistisches Patent an auf seine realitätsfreie Selbsterfindung und pries gegen das revoltierende Arbeiterkind Camus den roten Terror der Brüderlichkeit.

Der rotmater-ialistische Mystiker BLOCH pendelte depressiv zwischen Militärstalinismus und Hoffnungsutopismus.

Der letzte Nominalist ADORNO war geistiger Kleinstkrämer mit ungemeiner Gemeinplatzangst, erklärte jede Falschheit zum ganzen Universum und diente sich ausgerechnet den Totalitaristen als naiven Hilfsdenker an. Ohne seinen realistischen Mentor Horkheimer war er stets verloren.

CHESTERTON ging nur zurück zum mittelalterlichen Bauern, nicht zum steinzeitlichen Nomaden.

Faites vos jeux : Mit Satieren spielen
Kosmetischer Kosmos aus beschränktem Willen

Religion ist nur ernst zu nehmen als absolutes
Nein zu dem, was Seine edelsten Geschöpfe
aus Seiner Schöpfung gemacht haben bis heute.

„Diesen Kuss der ganzen Welt!" –
die aber davor Reißaus nimmt.

Aus hohen Gefühlen niedere Possen,
aus flachen Sorgen Welttheater und
aus tiefen Schmerzen nur schiefe Scherze?

Übernehmen KI-Agenten auch das Leben für
mich, kann ich verdiente Friedhofsruhe genießen.

Heidegger? Ist die Sprache das Haus des Seins,
dann ist der Spruch die Hundehütte des Schweins

Warum sollen wir Kakerlakenplaneten aufsuchen
wollen, wenn Superintelligenzplaneten ja auch
mit uns keinen Kontakt aufnehmen?

Priester sehen in Vernunft die Gattin
des Glaubens, Pfarrer nur dessen Hure.

Den Silberstreif am Horizont sieht, wer das
Silber nur streift, wenn er nach dem Golde greift.

Adorno sah in Kants transzendentalem Subjekt
das soziale Über-Ich („Wir") zwischen privatem
Ich und anthropologischer Intersubjektivität aller
und wollte es revolutionär aufgehoben wissen.
Doch ohne Über-Ich ist das Ich ans Es verloren.

Die dicke Wolldecke der Dunkelheit breitet sich
jeden Abend wohltuend über alle Dinge aus.

Was haben der Kant-Band, das Kantianer-Band
und die Kant-Band gemeinsam? Alle verkantet.

Lebensschützer, bewahrt Birnen und Erbsen vor
Gemüsemördern und Obstkannibalen! Beißt auf
mehr Granit und esst eure Edelsteine! Schützt
Kartoffeln vor hungrigen Kartoffelkillern und
verleumdet mir nicht die Pflaumenrächer und
Sandkauer! Hoch lebe Felsfresser und Luftschlucker!

Sittengesetze gelten nicht, um Naturgesetze
frei zu brechen, sondern sie praktisch zu erfüllen.

Wichtiger als die kollektive Proletarisierung
bürgerlicher Kultur wäre die unbürgerliche
Kultivierung des einzelnen Proleten.

Liebe muss dir den Kopf so weit verdrehen,
dass er gerader sitzt als vorher.

Freiheitskulte fesseln, Liebesbande machen frei.

Deine Werke fliegen dir als Bumerangs
an den Kopf zurück, aus dem sie kamen.

Ordensleute, die aus Klöstern fliegen,
können in Behörden ihre Orden verdienen.

Jalousie : Vieles wird zum Vorhang
vor Neid und Eifersucht.

Feinfühlige sind sensibel, Sensibelchen sind
sensitiv, und Nonsensible haben Sinn für Unsinn.

Mann : Eine Brust in einer See.
Frau : Zwei Brüste in einer Seele.
Ehe : Zwei Seelen in einer Brust.
Kind : Kein Seelchen in der Armbrust.
Familie : Vier Kehlen im Frust.

Auch bei geistiger Nahrung muss verhungern, wer zu wählerisch wird, und am Ende platzen, wer zu wenig heikel ist.

Religion ist weder Himmelstechnik noch Sozialpolitik oder Bekenntnisgymnastik.

Tut die Menschheit nicht gut daran, so was wie dieses Buch zu übersehen und zu übergehen?

Frauen können Dichter und Denker werden, wenn sie dadurch nicht verdorben werden.

Aber ob die liebe Sophie in physisch starken Armen sich umdreht nach Hegels Metaphysik?

Der Mensch hat einen Körper und einen Kopf, das Tier nur einen intelligenten Leib.

Chrysanthemen : aphoristisch sterile Themen.

Ein Kopf ohne Ideen ist wie ein Schädel-
knochen ohne Kalzium : eine weiche Birne.

Alle Lebewesen verwesen irgendwann.
Das ist ihr Wesen, wenn sie lange genug
ihr Unwesen getrieben haben.

Ein Komponist hat gesiegt, wenn zu seinen
Konzerten die Taubstummen kommen.
Ein Philosoph hat es geschafft,
wenn die Geköpften ihn lesen.

Muss, was nicht höchsten Ansprüchen genügt, gleich mittelmäßig sein, oder was nicht
letzter Schrott ist, gleich der letzte Schrei und
genial sein?

Gegen das edle Gas Xenon hat meine Lunge
eine unüberwindliche Xenophobie, nicht aber
gegen Xenien aus Weihrauch. Und ob eine Welt
ohne die Seltene Erde Yttrium wohl kollabieren
würde?

Schlager sind ein kurzer Schlag auf den Kopf
und in die Magengrube des Hörers zugleich,
aber es ist schon eine Kunst, für so viele Menschen so wenig Kunst zu machen.

Mancher ist lieber dadurch wie andere,
dass er hier mehr und dort ebenso viel
weniger ist als andere.

Sauerstoff ist lebenswichtiger als Süßstoff,
doch süßer Segen besser als saurer Regen.

Am liebsten bleibt mancher mit Elan sitzen
in rasanter Rast.

Nicht jedes bürgerliche Wolkenkuckucks-
heim ist schon ein Luftschloss.

Wer sich sein Denkunvermögen zunutze
macht, kann wenigstens (ab)lenken.

Der Karneval in Rio beweist, wie schrecklich
anders dort der Alltag sein muss. Der Fasching
in München ist so wie der Deutsche im Alltag.

Pfefferminztee ist der Espresso und Whiskey
der warmduschenden Weicheier, Schnaps ist
der Früchtetee der Kaltduscher.

Die Order ist die Schwäche jeder Ordnung
wie der Befehl der Fehler jeder Verfehlung.

Die Philosophiegeschichte prominenter Denker ist meist interessanter und tiefblickender als die professioneller Philosophiehistoriker.

Wenn ich mein einziges Steckenpferd selber bin statt habe, bin ich nicht selber der Reiter hoch zu Ross.

Von Kant über Schiller zu Hegel:
Kann Schönes vermitteln zwischen
Angenehmem und Verbindlichem?

Philosophie hat den Sinn, dass ein aufrechter Gedankengang weiterführt als ein Spaziergang und ganzer Lebenslauf.

Der klassische Gerechtigkeitssinn ist ja der Gleichgewichtssinn aller Gesellschaftsklassen, doch der Geschäftssinn ward zum Sinn aller sieben Sinne.

Christen sind als Kreuz- und Querdenker
keine Kreis- und Fortschrittsdenker.

Von Querdenker zum querschießenden Quertreiber ist nur ein Gleichschritt marsch, sagen Kreuzdenker.

Eigenliebe legt ihren vertrauensvollen Kopf
in den offenen Rachen eines Krokodils.

Ethischer Kapitalismus : Konsumgüter,
die mir guttun, machen mich schlechter.

Aphorismen protokollieren keine Resultate,
sondern Etappen ewiger VerSuchbewegungen

Gilt vergoldeter Schmutz mehr als verschmutz-
tes Gold auch in der Kunst und Philosophie?

Je treffender Menschen beschrieben werden,
desto ungefährlicher die Leichen.

Für eine Industriegesellschaft hat unser Land
zu wenig Industrie, für eine Agrargesellschaft
zu viel Industrie, und nach der KI-Zeit kommt
die Steinzeit der Wirtschaftsweisen.

Ein wahrer Philosoph muss nicht nur denken
gegen die falsche Welt, sondern auch gegen
wahre Berufskollegen.

Manch Schönes erscheint zwischen Guthaben,
Habgier und Erhabenem.

Vorsicht vor zu viel Vorsicht, die dann das Nachsehen hat, denn Vorsicht schützt nicht vor Vorsehung, die niemand vorhersieht.

Wenn Meisen und Ameisen ihren Schöpfer loben, versteht der modern Neu(ronal)heide nur Synapsengewitter.

Ehe now: Fremdgänger heiratet Fremdgängerin usw. usw., bis die Kinder lebensuntüchtig sind.

Da nicht mal gewiss ist, dass es gar keine Gewissheit gibt, ergreife ich gewiss eine Gelegenheit, nichts zu wissen.

Bist du deiner Zeit voraus,
geht deine Uhr vielleicht nur nach.

Die Einführung eines einfachen Gedankens in eine komplizierte Welt ist so komplex wie ein perplex machender Aphorismus.

Warum gibt es nicht so etwas wie einen protestantischen Chesterton, der Witz, Philosophie, Literatur und Religion essayistisch allgemeinverständlich verbindet?

Hat Nietzsche sein ungemeistertes Leben nur philosophisch (über)kompensiert oder als ein Tiefenpsychologe gerade durch moralistische Weltmeisterschaft ein größerer Lebenskünstler sein können als seine handelnden Zeitgenossen? Machte er doch aus seiner ewig kränkelnden Not eine Spitzensentenzen *schenkende Tugend*. Nietzscheaner sein heißt, mit ihm aphoristisch zu konkurrieren auf Biegen und Brechen.

Klauen kann man nicht nur
mit seinen zwei Klauen.

Ist Angriff die beste Verteidigung, muss abschreckende Verteidigungsbereitschaft ja noch keine bellizistische Angriffslust sein.

Wird eine Philosophie mit eigenen Worten zusammengefasst, ist sie ja bereits bestreitbar interpretiert.

Ist Kants guter Wille eine gute Gesinnung, die gutartigen Erfolg wenigstens wollen muss und auch verantwortlich bleibt für ungewollte Folgen, auf die sie keinen Einfluss hat – damit sie kein bloßer Vorsatz ist, komme, was wolle?

Fortschritt ist permanenter Weltkrieg
gegen Schöpfung und Schöpfer.

Ein differierender Kritiker wird gern
als Diffamierer diffamiert.

Mancher Philosoph sieht aus wie ein Poet,
der wie ein Denker und Seher wirkt.
Die meisten Dichter sind verhinderte Denker,
die großen Denker aber erfolgreiche Dichter.

Wärst du gern eine Synthese aus Friedrich
Kant, Immanuel Hegel, Theodor Heidegger und
Martin Adorno?

Der antidemokratische Nietzscheaner Ernst
Jünger war eine Mischung vom altpreußischen
Militaristen und feinsinnigen Schöngeist, dem
an den Machthabern vor allem ihre grob-
schlächtige Unkultiviertheit peinlich war und
der in Hebräern nicht die Rasse oder Religion
bekämpfte, sondern die liberalistisch assimilier-
ten Geldleute. Auch ich verwechsle den ehren-
werten Patriotismus nicht mit chauvinistischem
Nationalismus, aber der Stoßtruppführer spielte
den coolen Dandy eines sauberen Edelmilita-
rismus und verachtete den gewöhnlichen Sterb-

lichen des gemeinen Volkes als einen tumben Banausen. Die Schrift "Der Arbeiter" beschreibt keinen realen Proleten, sondern den modernen Typus des Welttechnikers. Jüngers Belletristik wie sein hochstilisierter Roman "Eumeswil" ist weniger wichtig als seine einflussreichen Essays, wo er z.B. den ritterlichen Soldatenkampf Mann gegen Mann verteidigt gegen technologische Materialschlachten bloßer Waffenroboter in den Weltkriegen. Dieser „Waldgänger" als „Partisan" war wie Nietzsche kein unzeitgemäßer Außenseiter, sondern ein einflussreicherer Zeitgeistideologe.

Meyer glaubt, er sei der Herrgott selbst,
aber der Herr glaubt nicht, er sei Herr Meyer.

Schopenhauer hätte und hatte auch an seinem vollkommenen Schöpfer vieles auszusetzen.

Ob Verdammte sich an die ewige Hölle schließlich so gewöhnen wie Schwerverbrecher an lebenslange Gefängniszellen?

Riecht eine Frau, die in einer Duftwolke entschwebt, schon nach Teufelsbraten?

Die Welt kann dir alles nehmen, Leben, Ruf, Freiheit und Lebensfreude, aber nicht deine feige Kapitulationsurkunde.

Lieber Leser, stell dir vor, dass es hier keinen Aphoristiker gibt, der sich vorstellt, dass es dort keine Leser gibt!

Ein kranker Arzt, der die Diagnose nicht kennt, verschreibt jedem Patienten gleich alle Medikamente gegen alle Krankheiten, die ein jeder mal bekommen könnte.

Ein Staat lässt sich durch allgemeinen Schlendrian leichter zerstören als durch Revolution.

Wer etwas will, will viel mehr gar nicht mehr, aber wer immer alles will, will gar nichts mehr.

Wer heute Amoral bekämpft, einfach weil sie amoralisch ist, bekämpft zugleich die Moral, weil sie moralinsauer ist.

Es ist eine Revolution nötig nicht gegen etwas Veraltetes, das schon schwach ist, sondern nur gegen Brandneues, das noch schwach ist.

Wer heute das demokratische Stimmrecht hat,
hat zu oft sein Eigentumsrecht verloren.

Die Reichen werden immer reicher, weil sie
immer unzufrieden sind und von den Armen
geliebt statt gelyncht werden.

Was so bleiben soll, wie es ist, hat eine Revolution nach der anderen nötig. Wer nichts tut, der
sorgt dafür, dass alles sich rasend schnell verändert. Wer etwas tut, tut viel mehr gar nicht.

Gegen Konservative spricht, wie sie verdorbene
Konserven zu essen geben, aber gegen Progres-
sive spricht, wie sie gute Konserven wegwerfen

Es ist unmoralisch und unklug, den Gebildeten
zu vertrauen, denn sie werden umso reicher und
schädlicher, je geistreicher sie sind, und pissen
auf viele, die weniger wissen.

Wer seine Spielregeln stets selbst erfindet,
kann kein Spiel mehr gewinnen und jubeln.

Die letzten Dinge erreicht nur, wer die ersten
verpasst, und den Ursprung erreicht nur, wer
den letzten Schrei überhört.

Man isst mal den Tod wie einen Kuchen,
um sein täglich´ Brot zu bekommen.

Wichtig an einer Revolution ist, dass jeder aus
jeder Not eine Tugend machen kann, und die
menschliche Tragödie besteht darin, nur an den
tragischen Ausgang glauben zu können.

Der Entomologe Ernst Jünger träumte
von einem menschlichen Insektenstaat.
Ich teile seinen Zweifel an der industriellen
Zivilisation, aber als kleiner Laiendemokrat,
nicht als schöngeistiger Kriegsheld.

Weil jeder zugleich König und Bettler ist, kann
er dem einen höhnen und dem anderen helfen.

Jedermann stolpert und gedeiht nur von Krise
zu Krise – wie der kapitalste Kapitalismus.

Wer Altes und Veraltetes umstürzt,
stützt nur Uraltes oder neueste Moden.

Ich suche eine Tageszeitung, die weder Tödli-
ches noch Tröstliches erzählt, sondern vom täglichen Wunder, dass die Sonne aufgegangen ist.

Hätte es damals schon Massenmedien gegeben,
sähen alle die Überlegenheit der Steinzeit, aber
leider zerstört durch diese Medien.

Die Natur ist so herrlich, dass sie wie eine
gute Mutter wirkt, aber so rätselhaft, dass
sie die Rabenmutter zu gut verbirgt.

Der Tourist fliegt in ferne Länder, um dort
die Fluggäste in seine Heimat zu besichtigen.

Wenn ihr nicht werdet wie das Christkind,
werdet ihr das Weltall nicht als Weihnachts-
geschenk erkennen.

Maschinen boxen und argumentieren
gegen Roboter, Menschen reparieren
und bedienen Leute.

Die kleinste Familie ist größer als die anonyme
Gesellschaft, weil sie durch ihre Konflikte zu-
sammenhält und nicht homogen explodiert.

Droht jeder Kosmos, der nicht schnell genug
expandiert, an Schwerfälligkeit unterzugehen,
oder droht ein All, das zu groß würde, in die
Luft zu fliegen?

Fortschritt säbelt an deinem Kopf herum,
bis der neueste Hut passt.

Ein Rasenmäher ist das, was ein französischer
Gärtner braucht, ein englischer niemals braucht
und ein deutscher gegen Nachbarn einsetzt.

Ich habe anderes aus mir herausgeholt, als die
Erzieher in mich hineinsteckten. Haben Bücher
die Investitionen meiner Eltern amortisiert?

Eine Familie ist gut, wenn man einander ärgert.
Mann und Frau lieben sich ewig, wenn sie sich
niemals verstehen und vertragen.

Wollen Eltern ein Kind, wissen sie nicht, wer
sie überrascht, und das Baby erfährt das Weltall
in der Wohnstube. Gegen den kleinen Ehestaat
ist der Sozialstaat eine falsche Betriebsfamilie.

Atheisten haben zu viele Religionen, um christlich bzw. objektiv zu sein, und Christen haben
zu wenige Götter, um Heiden zu sein.

Nur Eingeweihte verstehen Wissenschaft und
Meditation, die gut tun will, doch alle verstehen
Religionen, die sich auf Böses verstehen.

Grausame Märchen sind realistische Reportagen, während harte Krimis nur Phantasien sind.

Gewahrt die Sprache an jeder Sache laut George Berkeley nur einen Gedanken Gottes?

So klug, mit der Kernspaltung keine Atombombe zu erfinden, ist der Mensch nicht.

„Was ist der Mensch?" – Eine gute Idee.

„Wahr" ist nur noch eine gängige Abkürzung von „nicht wahr".

Aphorismen spannen Homers mythische Phantasie und Platons logische Analyse zusammen.

Vielleicht macht man aus der Not eine Tugend, aber auch aus dem besten Brot ein Laster.

Wäre Trauung etwas Vernünftiges, würde niemand sich trauen. Die Ehe ist die gesündeste Form, verrückt zu sein, und die irrste Art, Vernunft anzunehmen.

Reift hier die gloriöseste oder kurioseste Philosophie des 21. Jahrhunderts heran, um uns nun erleuchteter oder ganz meschugge zu machen?

Das dicke Ende war immer der Beginn
des dünnsten An-fangs (oder Ab-wurfs).

Der „Cybertruck" ist ein elektrischer Versuch,
allgemeine Automobilität vorm überfälligsten
Verschrotten zu bewahren.

Traktate traktieren ihr Thema, bis es erledigt ist
und keinen Mucks mehr von sich gibt.

Wiedergeburt als unschuldiges Kind
gibt es nur vorm Ableben nach bereuter Untat.

Nicht nur die Gaukler und Politiker sind
Entertainer, sie haben nur größeres zahlendes
Publikum als jeder in Familie und Verein.

Fünf Jausen täglich ersetzen zwei Hauptmahl-
zeiten auch auf der Waage.

„Die Jecken sind los!", rufen die Gecken,
wenn die Recken kommen.

Wer eine Natter am Busen nährt, hat bald einen
Drachen am Hals oder Gevatter Tod im Haus.

Liebelei verhält sich zur Liebe
wie Wille zum Unwillkürlichen.

Recht ist Verzicht auf Rache, Liebe aber
kein Verzicht auf Triebe und Hiebe.

Wenn in Ehen die Widerspenstigen einander
gezähmt haben, langweilen sie sich auch schon.

Humor ist, wenn man trotzdem
Krokodilstränen vergießt.

Genial sind nur noch Ingenieure gegen Genien.

Das allzu billige Rosarot des positiven Denkens
ist dasselbe wie das pechschwarze Weltunter-
gangsgebarme. Minus plus Plus ergibt Null.

Alle Künstler sollten sich fragen, ob ihr Werk
von Gott nur ihnen als Spielzeug oder auch
der Welt als Lehre gedacht und geschenkt ist.

Erst verneinen wir die Amoral und
dann die Moral, weil sie uns verneine.

Wenn der sozialistische Staat dafür sorgen soll,
dass nicht wieder Herren und Knechte kommen,
muss er der unüberwindlich absolute Herr sein.

Wer Scheiße labert, nutzt meine Ohren
als Latrinen.

Kant interessierte nur die allen gemeinsame Subjektivität des Physikers, nicht die private des Naturfreunds. Erfahrung war ihm nur Ablesen von Messgerätausschlägen. Er fürchtete und hasste im unwillkürlichen Gefühl nur den Todfeind, also das einzig Belebende in ihm.

Bewährte Tradition ist die sicherste Brandmauer gegen alles Brandneue des Zeitgeistes.

Für Kant und Hegel sind Welt und Leben ein logisches System, für Schlegel und Nietzsche ein paradoxer Witz, für Schopenhauer und Adorno Tragik und für Chesterton Geschenk.

Frauen tun Gutes, indem sie Schlechtes schlecht machen und schlechtmachen, und Männer tun Schlechtes, indem sie Gutes besser machen.

Amateure ziehen alles aus ihren Busen, Künstler beziehen alles von den Musen.

Emporkömmlinge gönnen Erfolglosen ihre Empörung.

Depression wird heute psychopharmazeutisch mit rosa Pillen behandelt, zeitgenössische *Anhedonie* massenmedial mit „positivem Denken".

Philosophie und Aphorismus

Hippokrates verschrieb Medizin in *aphorismoi*.

Heraklit philosophierte gnomologisch
in vorsokratischen Fragmenten.

Demokrits *Atomoi*
waren physische Aphorismen.

Platonische Ideen sind Sentenzen
gegen Ideologien, Idole und Idiotien.

Aristoteles sah Ideen nur in Individuen und
individuelle Qualität als *causa formalis*.

Seneca schärfte das aphoristische Stilideal
der Philosophie („Gnome" : Erkenntnis).

Diogenes : schlagender Witz der Natur
gegen die Gesellschaft.

Francis Bacon : Forschungsaphorismen
gegen systematische Summenscholastik.

Pascals „Pensées" als gnomische Fragmente.

Descartes sah geistige Qualität über materieller
Quantität und veränderte lieber sich als die Welt
aber stellte alles in Frage statt sich selbst.

Die Logiker Leibniz und Wittgenstein philoso-
phierten in unsystematisierbaren Fragmenten.
Monaden sind metaphysische Aphorismen.

Lichtenberg : philosoph.-literar. „Sudelbücher".

Rationale Integration empirischer Differentiale:
Kant sah Witz als Medizin für Gemütskräfte.
Moral : Gesetzmäßigkeit praktischer Maximen.

F-ich-te dachte in Antithesen ohne Synthesen.

Schelling : Kunst als Organon der Philosophie.
„Aphorismen zur Naturphilosophie".

Hegels geistreiches Geistessystem war ein
„Universalwitz von Witzen" (Herm. Schmitz).

Marx wollte jedes Buch ohne Gehaltsverlust
auf drei Sätze reduzieren. Seine politökonomi-
schen Aphorismen sprengen „Das Kapital".

Schopenhauer schrieb systematisch sentenziös
und „Aphorismen zur Lebensweisheit".

Nietzsche : Frühromantiker als geistreichster
Aphoristiker der Euro-Philosophiegeschichte.

Humorloser Wittgenstein schuf fragmentierte
Philosophie, die auch aus Witz bestehen wollte.

Adorno sah aphoristische Paradoxe
als höchste philosophische Form.

Marquard : Einheit von Weisheit und Witz.

Chesterton : paradoxaler Witz als Einheit
von Kunst, Philosophie und Religion.

Schuett : Philosophiesystem in Systemspreng-
Sätzen.

....

Jeder Künstler sollte sich fragen, ob sein Werk
von Gott nur für ihn als Spielzeug oder für die
Nachwelt als Lehre geschenkt ist.

Der Aphorismus als Thema-Rhema ist Kultur-
idylle als Satire auf den Fortschrittsaktivismus.

Auch Gestörte begründen und beweisen alles
logisch und zerstören den Zugang zur Realität.

Philosophen zwischen Idyllen und Satiren:

Heraklit : Krieg und Fortschritt
sind Väter voneinander.

Atomist *Demokrit* pulverisierte die Welt.

Stille *platonische* Ideen als Satiren auf Idole
und Ideologien.

Aristoteles : Vita contemplativa des bíos theore-
tikós steht über der vita activa der Pragmatisten.

Epikurs Gartenidylle : "Lebe im Verborgenen!"

Seneca : Unerschütterlicher Sentenzenschleifer.

Diogenes : Naturidylliker als Sozialsatiriker.

Augustinus : Requiescat in Deo!

Thomas : Gelehrtenidylle als Schöpfungsschau.

Cusanus : *Docta ignorantia* als quietistische
coincidentia oppositorum.

Pascal : jansenistisches Ordensidyll
gegen praktische Fortschrittswissenschaften.

„Provisorische Moral" des *Descartes*:
Lieber sich selbst als die Welt verändern!

Spinoza : pantheistische Eremitage.

Leibniz : Logischer Quietismus : Monaden
als fromme Grenzen der Weltatomisierung.

Kants theoretische Vernunft war Naturbeherr-
schungsgeist, seine praktische Moralvernunft
eine kritische Satire auf alles Unwillkürliche.

Tathändler *Fichte* als nationaler Naturmörder.

Schellings mythisch-romantische Naturidyllik.

Der bürgerliche Fortschrittsoptimist *Hegel* mit
protestantischem Arbeitsethos gegen Nomaden-
pastorale und Agrarfeudalismus zugleich.

Aktivistischer Industriefanatiker *Marx*
gegen proletarischen Naturquietismus.

Schopenhauers buddhistischer Quietismus
der Kunstkontemplation.

Nietzsches theozider Machtvitalismus war
durchaus zeit(geist)gemäß neuheidnisch.

Adorno : „Denker der Kontemplation" (Seel)
und der großbürgerlichen Kunstrevolutionen.

H. Marcuse : Kultur- statt Sozialrevolution.

Heidegger : existenzielle „Entschlossenheit"
gegen techn. „Gestell" und Theorie-Idyllen.

Sartre : Politaktivist der *Terrorbrüderlichkeit*
träumte von mönchischer Schreibzelle.

....

Zurückhaltung. Engagierte „Haltung" tut dir gut
und der schlechten Welt nicht weh.

Bürger profitieren von Handarbeitern,
die von Bildungsbürgern nicht profitieren.

Ein gern übersehener Grund, sehr reich werden
zu wollen, ist die Chance, irdischer Justiz denn
leichter entgehen zu können. Mit Gott Mammon
entwischt man aber nicht dem Jüngsten Gericht.

Foucaults Macht-„System" lässt sich nicht
mehr bekämpfen, aber individuell unterwandern
durch Zweckentfremdung von Spielräumen.

Werde ich nach dem Ableben lebendiger sein
als heute?

Schreibe ich nur Anekdoten über mich
für die Nachwelt?

Wer nach Ansehen und Aussehen heiratet,
hat seine Scheidung schon mitgeheiratet.

Stirbt der Rebell nicht früh,
wird er Apostat seiner selbst.

Mit Aufklärer de Sade wird die Triebnatur nicht
mehr moralisch, sondern naturwissenschaftlich
reguliert.

Wirkt gesunder Menschenverstand wie romantischer Idealismus, sind naturwissenschaftliche
Naturbeherrscher objektive Realisten geworden.

Philosophie der Zukunft müsste Marx-Hegels
historische Logik und Leibniz-Russels mathematische Logik aus gemeinsamem Absolutem
ableiten können, ohne aktionistisch zu werden.

Aphorismus : Kants Wissensidee und Fichtes
Willenstat und Schellings Kunstmythos und
Hegels konkretes Absolutes in einem Satz.

Dickköpfe mit breiter Stirn können immer noch
borniert Leute sein mit engem Horizont.

Der Lehrer dient seinen Schülern nur so weit,
dass sie ihn später bedienen können. Der Arzt
repariert seine Patienten, dass sie ihm im Alltag
dann parieren können.

Wer Bürgern nicht nützt, ist Handarbeiter, der
Geistesarbeiter wird, ohne zu verbürgerlichen.

Schreib als fünftes Rad am Wagen nur noch
homöopathisch unverdünnte Quintessenzen!

Sagen bei Kant die „Erscheinungen" mehr aus
über das reine Subjekt als über seine Objekte?

Lieber Adalbert Stifters sanftes Gesetz
als Arno Schmidts grober Unmensch und
lieber Georg Büchners Danton als Woyzeck!

Beim Spätromantiker Heine sind Nachtigallen
durch Schlegels romantische Ironie gebrochen.
Er holte Romantiker vom fliegenden Teppich
auf den Stubenteppich runter. Was er für Poesie
von der politischen Indienstnahme befürchtete,
hatte er durch Ironie schon selber verbrochen.

Lust und Verlust

Verbrecher erniedrigen sich durch ihre Lust,
Rechtschaffene erhöhen sich durch ihr Leid.

Lebenslust war früher zügelnswert stark
und ist heute einpeitschenswert schwach.

Entweder be- und verdrängt man Lust
oder Verlust, Leben oder Sterben.

Manches Schicksal ist tragisch genug
für ein geschicktes Lustspiel.

Gewinn und Verlust rationalisieren Lust
und Leiden(schaft).

Auch Lustschlösser bauen sich noch Luftschlösser.

Bürger sind geschmeichelt, dass verhinderte
Lustmörder in ihnen stecken sollen.

Das Mahlzeiten und nicht das Mahlen
ist des Müllers Lust

Lebenskunst macht Lust auf das, was man hat.

Arbeit und Tat bringt mich in Form, Lust und Laune lösen mich in selbstverwirklichte Luft auf.

Mit dem Tabu, das sie bricht, schwindet auch die Lust oder wird banaler Juckreiz.

Muss der Gerechte viel leiden, weil die Lust ein Verlust und Vergehen ist?

Um 1900 kann man noch seine Wollust, um 2000 schon seine Lustlosigkeit nicht mehr verdrängen. Das Ergebnis ist das gleiche.

Wirfst du Lebenslust weg,
wenn du die Last abwirfst,
für Lasterhafte genug Lust abzuwerfen?

Im Lustbeben sind wir dem Heiligen ferner als im Erdbeben.

Ein König lässt nicht nur seine Lustschlösser, sondern auch seine Luftschlösser von Sklaven bauen und mit Luftschlössern sichern.

Um den Witz bei der Sache zu finden, muss man sie ernst genug nehmen, und wer sich lustig macht, hat Lust, ernstgenommen zu werden.

Liebe unterscheidet sich von Lüsten dadurch,
dass sie nicht wieder klaren Kopf kriegen will.

Krieg den Lust-, Friede den Luftschlössern!

Ob vor Schmerz, ob vor Lust, man stöhnt ewig.

Mehr als halbe Lust wird schon halbe Unlust.

Leider kann man sich gegen Leid nicht
abstumpfen ohne auch gegen Lust.

Die Zivilisation ist der Weg von der Rauflust
über die Tauflust zur Kauflust.

Wer Askese verfolgt, hasst die Wollust.

Amor läuft Amok:
Der Lustmord ist ein Freudscher Verlieber.

Moral ist die Lust, anderen die Lust zu missgönnen, die man sich selbst verbieten muss.

Moderne Genussmenschen sind Leute, die uns
die Lust am schlechten Gewissen missgönnen
und den Armen ein Leben in Saus und Braus
empfehlen. Das würde genügen : Einer ertrage
des anderen Lust.

Die Macht des Knechts über die von ihm bearbeitete Natur ist nicht zu vergleichen mit der Macht des Herrn über den Knecht und dessen Naturbeherrschung. Hegel hebt in der „Phänomenologie des Geistes" diesen Urkonflikt jeder Gesellschaft auf in die gegenseitige „Anerkennung" gleichberechtigter Rechtssubjekte der konstitutionellen Monarchie (oder „Demokratie der Arbeit", 1830), doch noch im *absoluten Wissen* von bürgerlicher Kunst, Religion, Philosophie bleibt er unaufgelöst

Schwankt nicht zwischen Mut und Feigheit, sondern zwischen Explodieren und Verwesen!

Wohl dem, der sich vergnügt mit dem, was ihm genügt, und sich nie begnügt mit dem, was ihn vergnügt!

Ist Hegels System ein synthetischer Paroxysmus der Paradoxe in autologischer Tautologie, also edle Erhabenheit in trivialer Trinität?

Heidegger dachte gegen Carnap lieber das Nichts als gar nichts.

Das Schlimme am Faschingskarneval ist nicht, dass die Narren mit ihren Sparren los sind, sondern die Spießer als Kannegießer.

Habe ich in 80 Jahren außer allem ein Jegliches
erkannt oder nur alles und nicht jedes?

Wer mich mit Armleuchtern versehrt,
wird von meinen Leuchtraketen be(k)ehrt,
sagte das kleine Licht zum großen Wicht.

Wer die Existenz einer Außenwelt nicht leugnet,
sollte auch die Existenz ihrer außerweltlichen
Ursache nicht von vornherein ableugnen.

Wen selbst sein Alter nicht bescheiden macht,
den macht auch seine Jugend nie abenteuerlustig.

Arme Schwache schaden manchmal, starke
Reiche immer, wenn sie sich nützlich machen.

„Selig sind die Friedfertigen" –
auch wenn sie das Schlechteste dulden?

Ist Gottvertrauen auch Zweifel, ob seine Hilfen
und Geschenke nur Zufälle sein könnten?

Hegel? Der Herr behält Macht über die Macht,
die der Knecht über die von ihm bearbeitete Natur
gewinnt – gerade wenn beide voneinander abhän-
gig sind. Es bleibt ein Klassenkampf auf Leben
und Tod – bis zum absoluten Herrschaftswissen.

Was „Volksdemokratien" so demo-crazy nennen.

Ein Aphorismus ist der i-Punkt oder springende
G-Punkt jedes Geistes- und Gesellschaftssystems.

Es ist die Sache des Hauptes, Nebensächliches
zu sammeln und zu machen.

Ich lass mich von dir hinreißen, mich zu verreißen
und zu zerreißen, und bin nur dieser Riss.

Wo steckt der kleinste Krieger im Kriecher,
und wann ist das Ego dem Tod gewachsen?

Lebst du nur, solange du nichts weißt,
und weißt nur, was an dir schon stirbt?

Welche Zufälle sind allgemeingültig und welche
Gesetze Würfelwürfe? Hat der Schöpfer seine
Naturgesetzgewohnheiten schon geändert?

Nur Todfeinde sind ebenbürtig und Busenfreunde
dir noch gewachsen.

Fortschritt : Vom Steinzeitnomaden über Agrarfeudalismus und Industriebürgertum zurück zum
proletarischen Geistesnomaden.

Der Ehebund schließt beide Lebenspartner.

Ist mein Elfenbeinturm gegen den Babelturm
schon selbst in den Himmel gewachsen oder
schreit er noch zum Himmel?

Schnittstellen : Sollen tote Maschinen, mit toten
Traditionen von halbtoten KI-Nutzern program-
miert, ihre Bediener und Bediensteten töten?

„Heraklit wird nie veralten." (Nietzsche) : Der
Krieg ist der Vater des Fortschritts und umgekehrt
ewiger Arbeitsfriede der Vater jedes Krieges.
Also ist beides identisch, denn Arbeitslosigkeit
ist die Teufelsfratze des Paradieses.

Hegels *Weltgeist* : Wo gehobelt wird,
da fallen Späne wie du und ich.

Mancher spottet jeder Verschweigung
und verschweigt jeden Spott durch Trott.

Jedes Inhaltsverzeichnis verzeichnet
und verfälscht, was es nicht enthält.

Der Teufel steckt im Detail wie dem Atom oder
Quant, aber versteckt der Ewige sich deshalb im
großen Ganzen statt kleinsten Guten?

Schlüpft Luzifer in unsere Marsraketen, um seiner
Hölle zu entfliehen in den Himmel zurück?

Philosophen denken in Antagonismen, deren systematische Synthese aphoristisch bestreitbar ist.
Plus plus Minus gibt Null, minus mal plus minus.

Naturwissenschaftliche Inquisition der Natur:
Hedonistischer Dienst an menschlicher Natur?

Jeder beschützt in anderen den Schutz,
den sie ihm bieten.

Schießt keine Photos von uns Ebenbildern!

Bei Hegel denkt in Forschern der Heilige Geist
selber oder der gefallene Engel.

Larve : Schmetterlingskeim in Raupenmaske.

Lässt der Naturwissenschaftler seine Mutter Natur
selbst zu Wort kommen oder nur seine Methode?
Bei Kant spricht nur die Erscheinungsmaske des
Noumenon, die Natur an sich schweigt oder lügt.

Demokratie ist die praktische Konsequenz aus der
Einsicht, dass keiner beweisen kann, die Wahrheit
zu besitzen.

Das Plausible ist die beste Maske der Falschheit.

„Nicht *dafür*!", ruft geziert, wer Dank abwehrt.
Aber wofür denn sonst?

Natürlich ist es nicht. Das Überleben des Untaug-
lichen und Lebensunfähigen muss einen Grund
haben, der sich als bloßen Glücksfall maskiert.

Vegetarismus sucht sich am Wachtengel vorbei
in den Garten Eden zurück zu mogeln.

Als Gegensatz zum Gottesgesetz ist das Natur-
gesetz der wertfreien Naturwissenschaften eine
Höllenregel geworden.

Märchen. Nur der kleine Aphoristiker ruft noch:
„Aber der Kaiser ist ja nackt!"

Glaube, Liebe, Hoffnung heute : Wissenschafts-
gläubigkeit, Pornographie und Fortschrittsutopie.

Christentum: Stirbt Gott, damit der Mensch lebt,
oder etwa umgekehrt?

Welche Fortschrittsutopie braucht es,
um so vielen vergangenen Gräueln
nachträglich einen Sinn zu geben?

Ein Gedanke und ein ganzes System,
oder tausend Ideen und deine Philosophie?

Wollen und dürfen Greise weiterleben,
müssen sie Zusatzbeschwerden dulden können.

Du reckst dich empor und verreckst zugleich.

Stil : Sturer Spleen. Wer kann sich zugleich
grenzenlos verloren und bevorzugt fühlen?

Wer wollte lieber Weltmeister im Erbarmen sein
als beim Teufel unter „Ferner lief"?

Der Erste muss den Letzten gründlich feiern
können, der ihn mit gutem Grund verurteilt.

Ein guter Aphorismus ist beim Disput auf beiden
Seiten – in *einem* Satz aus ihm heraus.
Eine Sentenz enthält eher Systeme,
als ein System Sentenzen umfasst.

Er prophezeite Urvergangenes und gedachte
aller Dystopien, um endlich ganz da zu sein.

Man macht und erzählt keine Geschichten mehr,
wenn die Geschichte geschrieben ist, sondern nur
noch deren Resümees, vor allem im Bilanzalter.

Von Natur- und Kulturidyllen können Eremiten sowohl Gesellschaft wie Geschichte satirisch verspotten. Geht wahre Kultur mit wehenden Fahnen ruhmlos unter, um geborgen zu werden?

Ist im Vorgestern vielleicht mehr freier Spielraum als im Übermorgen?

Hegels „absolutes Wissen" von Literatur, Philosophie und Religion hat die Geschichte der Gesellschaften aufgehoben und nach aller satirischen Dialektik die idyllische Sabbatruhe des reinen Geistes erreicht.

Hätten Proletarier heute endlich so viele geistige Bedürfnisse geweckt, wie ihr materieller Bedarf gedeckt ist, wird der Einzelne seinen finanziellen Wohlstand als geistige Verelendung erleben und sie autodidaktisch fortschrittweise beheben.

An der Grenze zu dir ende ich, wo du anfängst, und beginne zugleich dort, wo du endest. Das ist das ganze Geheimnis von Hegels Dialektik. Mein Ende als dein Anfang und zugleich mein Anfang als dein Ende ist unser Umriss und macht uns identisch im Gegensatz. Nur auf ihrer Grenzlinie bedeuten Spruch und Widerspruch dasselbe.

Ein Paradox ist es, wenn das Unglaubwürdigste
zugleich das Allervernünftigste der Welt ist.
Heute wird meist nur eins der beiden Züge betont.

Reden Aphorismen hier blühenden Blödsinn,
haben sie oft Recht in anderem Bezugssystem.

Je präziser im Besonderen, desto ungenauer im
Allgemeinen u. u. – Je pünktlicher, desto ferner
dem springenden Punkt.

Hass auf dich schürt Angst vor dir. Liebt man nur,
um nicht fürchten zu müssen?

Einbildungskraft liefert nur Abbilder der Konfek-
tionsrealität; allein Erinnerung erfindet Neues.

Freigiebigkeit ist der Geiz des Verschwenders,
und der Genügsame geizt mit Ehrgeiz.

Der Tod ist so wenig tot, wie das Leben noch lebt

Bescheidenheit ist Arroganz, die ihr Bestes gibt,
und Untreue bleibt sich selber treu.

Gerechtigkeit ist die Selbstgerechtigkeit der
Gesellschaft, doch Gefallsucht wirkt als Fallsucht
der Gefälligkeiten.

Lebensfreude ist oft nicht viel mehr
als Spielfreude mit Schadenfreude.

Befleißigt die Gelassenheit sich der Fäulnis,
taugt am meisten Eichendorffs Taugenichts,
der sich preist ohne Fleiß.

Der Fortschritt vom sokratischen Gespräch zur
platonisch-aristotelischen Lehre ist der Rück-
schritt von Heraklits Wider-Sprüchen zum
professoralen System.

Schopenhauer hat eine Theorie des Lächerlichen.
Sein humorloser Schüler Nietzsche will lachen
und kann nur höhnen.

Sein und Arbeitszeit. Heideggers nichtiges Seyn
ist ein freudlos erschöpfender Ganztagsjob.
Sorgloses Lachen ist da kein „Existenzial".

Tragisches Lebensgefühl empfindet Lustigkeit
als lästig und hat nur Lust auf des Daseins Last.

Die schärfsten Kritiker der Kritiker
waren niemals selber welche (oder nur Politiker).

Proteine. Wer sichtbare Schweine isst, will darin
keine unsichtbar sterilen Mehlkäfer futtern?

Lass mich, wie ich bin, und lass das Ändern.
Doch wer andere sein lässt, wie sie sind,
lässt auch die Welt, wie sie ist.

Marquard. Aphorismen überkompensieren naturwissenschaftliche Üblichkeiten bewusst geistreich
und nicht geisteswissenschaftlich.

Aufgeschlossene entschlossen sich, Diebe reinzu-
lassen; Verschlossene schließen die Liebe aus.

Fühl dich in mich ein, aber bitte auch wieder raus!
Richtet dein Selbstgefühl sich gegens Mitgefühl?

Toren sind die Weisen des Himmels, Philosophen
die Toren auf Erden, Engel in der Hölle verteufelt

Dem Ausgeglichenen ist alles gleich.
Falschgeld ist die echteste Vergoldung.

Natürlichkeit ist die raffinierteste Form
der Naivität, die Grazie des Trampeltiers.

Kann die eine Seele in der Brust keusch sein,
wenn die zweite hurt?

Nur das Gotteskind hat Würde der Anmut, Men-
schenwürde das Gravitätische der Amtsperson.

Aufrechter Gang ist die Aufrichtigkeit
der Hinfälligkeit und Niederlagen.

Das All ist nicht nur voller Anomalien,
sondern ein Kosmos aus Paradoxien.

Geduld erduldet mehr als Ungeduld
mit Ungeduldigen.

Der Angeber gibt nur an, was er geben kann,
und trotzt trotzdem auf An- und Abnehmer.

Ernst ist eine Form,
nur mit Scherzen nicht zu scherzen.

Aus dem Grab des Mutterschoßes in den Graben
des Lebens hinauf und in den Mutterschoß des
Grabes zurück wäre ein trostloser Kreislauf.

In Hölderlins „An die Parzen" ist „das Gedicht"
durch „der Gedanke" oder „der Sinnspruch" zu
ersetzen, um auch dir fast zu gelten : „Hyperions
Schicksalslied" (3. Strophe), „Lebenslauf" und
„Abendphantasie" begleiteten dich auswendig.

Geist scheitert eher an sich selbst
als am Materiellen.

Prickelnde Erotik ist der moussierende Sekt unter
den Lebensdrogen, kurzer Sex nur der Schnaps,
und das Tier trinkt Bier.

Nietzsches Aphorismen sind eher apollinisch
schneidend als dionysisch schreiend. Sokratisches
Streitgespräch verkürzt sich dort zum begeisternd
begeisterten, monologischen Wider-Spruch.

Bei Hegel frappieren eher die Widersprüche, die
er in jeder Identität entdeckt, als deren Synthese.
Jeder Satz ist auch sein ureigener Gegensatz.

Sapperlot, ich bin tot und weiß das,
doch du lebst und weißt es nicht.

Dem Tragiker vergeht das Lachen, er weint
Tränen; dem Humoristen vergeht das Klagen,
er lacht Tränen : Zwei Seelen in einer Brust?

Selbst Erwachsene sind ihrem Wirtschafts-
wachstum nicht mehr gewachsen, sondern nur
noch Wachs in den Händen ihrer Maschinen.

Arbeite dich zu Tode oder langweile dich
zum Geistesleben! Dasein ist ein strapaziöser
Ganztagsjob, Nichtsein ist leicht.

Der Wasserphall des Mannes gibt keinen
Wasserfall von Niagara, doch der Muttermund
auf Höhenflug letzte Schreie von sich.

Ex falso quodlibet. Laut Hegels Dialektik folgen
Widersprüche aus unwahren Teilwahrheiten, bis
das einzig Wahre aus dem großen Ganzen folgt.

Studiert die Einheimischen ethnologisch als
exotischen Hottentottenstamm und fühlt euch
im Orient zuhause!

Ein Mann nehme sich keine Frau.
Dann lasse er sich von ihr scheiden.

Der Reiche ist vor den Armen geschützt nicht
durch ihre Religion, sondern durch ihre Liebe.

Gönner verschenken ihre Gunst gönnerhaft an
Missgünstlinge und gönnen ihnen die dankbare
Abhängigkeit.

Schuettismus ist elaborierte Nonsensphilosophie
und hat Sinn und Verstand nur als Widersinn-
stiftung. Widerstand jedes Gegenstandes wird nur
gebrochen durch Selbstwiderspruch jedes Satzes.

War die religionskritische Aufklärung nur ideo-
logische Vorbereitung der Weltindustrialisierung?

Die moderne Welt fragmentiert, da Konsens
ohne Religion nur auf Kosten aller geht.

Narben müssen keine Orden
von Kriegshelden sein.

Das altehrwürdige Klagen von Schicksals-
geschlagenen wird in der Spaßgesellschaft
diffamiert als Lamentieren von Jammerlappen.

Wird er nicht hart, wird sie nicht weich,
oder wird sie nicht weich, wird er nicht hart.

Haben Bedürftige nicht dürftige Sprache
und Kleidung, dürfen sie nichts erhoffen.

Die Kleinen dürfen froh sein, den Großen der
Welt wenigstens als Klopapier dienlich zu sein.

Man sollte gar nichts tun, damit alles mit einem
Schlag anders wird, als es niemals war.

An Baudelaires „Blumen des Bösen" fällt uns auf
der Kontrast zwischen ästhetischer Raffinesse und
eintönigem Absturz des Ennui-Spleens vom Ideal.

Postmoderne : Interpretierte ein Werk seine
Gegenstände, dann werden nur noch seine Inter-
pretationen interpretiert, und das Buch mit seiner
Realitätsdeutung löst sich in unerreichbare Idee
seiner selbst auf, eine Fata Morgana, die sich
durch jedes Nähern nur noch weiter entfernt.

Nach dem Ende der Religion (und nicht nur der
Kirchen) wird das Heil gesucht in Wissenschaft
(Freud, Marx) und/oder Kunst (Flaubert, Adorno)

Kants theoretische Kritik ist Transzendentalismus
nur des naturwissenschaftlich-technischen „Ge-
stells", seine praktische Kritik ist Übersetzung des
alttestamentarischen Gottesgesetzes in philosophische Autonomie, und seine ästhetische Kritik
ist weder reizvolle noch verbindliche Kunst. Kant
differenziert und integriert à la Leibniz, handelt
gefühllos und leidet unter seinen Leidenschaften.

Adornos Denken war ein Verdacht, dass noch
keine von Hegels Synthesen gilt. Es ist **nicht**
vollbracht, der Messias ist noch nie gekommen.
Der Knecht erkennt den Herrn an – nur als Über-
oder Un(ter)menschen.

Halunken nennen Halunken gern Halunken.
Das ist nur harmloses Unken.

Gibt es noch Magier oder nur noch Mama-Gier?

Aphorismen sind Kunst, Wissenschaft, Religion,
Philosophie und zugleich keines davon, sondern
cholesterinfreie Eulenspiegeleier.

Gutmenschen können sich Gutsein leisten,
wenn sie sich zum Überleben nicht die Hände
allzu schmutzig machen müssen.

Philosophie ohne Gedankenexperimentalität kaut
auf Unis nur noch ihre alten Gassenhauer durch.

Wer schreibt, will lieber verrissen
als nicht gelesen werden.

Ohne Lust keine Moral, ohne Moral keine Lust.

Er tut rein gar nichts. Stoppt ihn doch endlich!

Mancher will stets das letzte Wort behalten.
Selbst über den Tod hinaus.

Alles Negative überzeugt sofort, alles Positive
wirkt wie Kitsch, und Mittelmaß ist ewig null.

Gutes Gewissen machtloser Rechthaber ist so
nutzlos wie Kumpanei von Macht und Geist.

Philosophie : Antiautoritäres Denken gegen
die Autorität antiautoritärer Großdenker.

Freak-Stuff? Schüler sollen ihren Meister weder
blamieren noch übertreffen, meint er.

Wie wenig Vielsagendes Jesus sprach,
und wie viel Nichtssagendes du schreibst!

Nimm es sportlich! - Was? - Das Nehmen.

Moderne Zaubersprüche sind Aphorismen,
welche die romantische Wiederverzauberung
der naturwissenschaftlich gründlich entzauberten
Welt philosophisch bezaubernd entzaubern.

Wenn schon die weite Welt zu eng wird, lockt das
Jenseits als Ausweg. Wem sein Heim zu groß und
fremd wird, der erklärt sein Land zur Heimat.

„Nie treff ich, wie viel ich wünsche / Das Maß."
„Dem Sehnenden war / Der Wink genug,
und Winke sind / Von alters her die Sprache
der Götter." *(Hölderlin)*

Sehen Sie jene kleine Musik, hören Sie dieses
lautere Gesicht, riechen Sie diesen süßen Blick?

War die Französische Revolution ein industrie-
bürgerlicher Aufstand nicht nur gegen überalter-
ten Klerikalfeudalismus, sondern auch gegen
brandneuen Proletarismus zugleich?

Schwimm nicht mit dem Strom, gegen ihn zu
schwimmen, wenn das Licht nicht ausgehen soll!

Dreh dich nicht um, wenn du selber gehst um!

Die Erde ist die Drehscheibe zur Drehtür empor.

Warum ist der Mensch eher geistloser Fleischkloß
als fleischloser Geist(esheld)?

Solidarische Allgemeinheit heißt,
dass zu dir alle gemein sind.

Zwillinge sind nicht endlose Klone,
sondern Busenfreunde und Rivalen zugleich.

Hölderlins Hymne „Patmos" beweist durch
anakoluthische Sprache, dass die Synthese
von Christus, Dionysos, Herakles, Johannes,
Napoleon, Französischer Revolution und Jüngs-
tem Gericht, Aufklärung und christlicher Apo-
kalypse unmöglich ist – auch gegen Hegel.

Verkehrte Welt

Die Menschen haben seit langem den Dreh raus, in einer grundverkehrten Welt zu leben, und wären unfähig, in einer richtigen Welt sich zurechtzufinden – wie ein Lebenslänglicher, der plötzlich begnadigt wird und sich dann weigert, die angsterregende Freiheit anzutreten und seine Gefängniszelle mit sicherer Vollpension dann doch vorzieht.

Wer mit der wahren Welt statt der Warenwelt verkehrt, lebt verkehrt. Man kehrt sich nicht an der unverdrehten Welt. Neue Thesen bekehren gut, aber Heideggers nationale statt rationale „Kehre" vom technischen „Ge-stell" des nur Seienden zur unverstellten „Lichtung des Seins" macht keiner mit, der im Kopf noch nicht ganz verdreht und verkehrt ist.

In allem ist der Wurm drin, und es ist ein Drehwurm, der schwindlig macht, weil alles nur Schwindel ist. Dreh deinem Nachbarn eher den Hahn zu als den Hals um und das Suppenrohr ab! Das ist der Dreh- und Angelpunkt jeder gesunden Moral, aber der Wasserhahn läuft inzwischen ohne Wasserhuhn.
Wer nur vor der eigenen Türe kehrt,
macht auch den GV verkehrt.

157

Früh-Link zum Frühlingeling plingpling

Die Maierei ist gekommen,
Stammbäume schlagen aus
wie die Rösslein am Wagen.
Frühling lässt seine blaue Band
wieder schmettern durch die Lüfte.

Frei vom Eise sind Strom und Bäche
schon seit Jahrzehnten.
Handel mit Klimawandel:
Eisblumen blühen nimmer mehr.
Herb´st ist der neue Winter
und Frühling der neue Sommer.

Im Märzen der Bauer
sein E-Ros(s) anspannt,
die Blümelein sprießen und schießen
durch eisengrauen Beton.
Die Sonne wiehert vom Himmel,
es reckt sich fast jeder Pimmel,
und Säfte steigen in die Arme,
dass es den Winter erbarme!
Amor probt die Amoral
und singt den Liebeschoral.

Warum ist alles stets giftgrün
Und nicht auch mal hochzeitsweiß
dieser ganze Scheiß ohne Eis?
Auch der Spätling liebt den Frühling,
den Früh-Link zum Sommer.
Der Frühling deutet den Herbst
Als Winterpretation des Sommers.

Er ist die liebste Saison
der meisten Suizide.
Depressive können das Prahlen
Der grünen Natur nicht ertragen
Und die glücklichen Gesichter
und den Jubel der Liebenden.

Der Dichter Charles Baudelaire
hasste den Frühling, sein
widerlich quellendes Wuchern
der brutwarmen Fruchtbarkeit.
Cooler Dandy setzte der Brunst
künstliche Paradiese entgegen,
synthetische Welten aus Kunst.

Matt und frühjahrsmüde
Schlepp ich mich zur Arbeit.

Aphoristischer Abbreviatourismus

„DB" steht für Deutsche Bundesbahn und ist derzeit wegen Unzuverlässigkeit pejorativ konnotiert, wo doch öffentliche Verkehrsmittel wie BBF (Öffis Bus und Bahn und Fahrrad) massiv gefördert werden sollten auf Kosten des stinkenden Mordwerkzeugs PKW (Personenkraftwagen).

„LSBTIQ" (Lesben, Schwule, Bisexuals, Transsexuelle, Intersexuelle und Queers) sollten tolerierte und nicht überpropagierte Naturausnahmen bleiben, doch das Standard-Familienmodell MFK (Mann und Frau und leibliche Kinder) der Schöpfung ja nicht verdrängen oder gar präpotent dominieren dürfen.

Aber nicht nur Einzelwörter sind durch Anfangsbuchstaben abkürzbar und werden heutzutage inflationär abgekürzt zu idiotischen Komposita-Ungetümen, die unter Insidern als Erkennungssignale der Eingeweihten kursieren. Auch ein Einzelgedanke oder ganzes Gedankengebäude, eine Idee, Weltanschauung oder umfassende Ideologie, lässt sich abkürzen, jedoch nun nicht gleich zum Einzelbuchstaben verstümmeln, sondern zu einem kurzen Einzelsatz verdichten (der sogar die Selbstkritik dieser Ideen gleich impliziert).

Eine solche Abkürzung nennt sich traditionell „Aphorismus" (von griech. *aphorizein* : absondern, trennen) und ist ein isolierter Satz, der auf eigenen Beinen stehen kann, ohne Kontext aus sich selber heraus verständlich ist und dabei vieldeutig auf Verschiedenstes verweisen und disparateste Bereiche geistreich voller Witz (Esprit) verknüpfen kann.

Wenn jeder Gelehrte und Fachwissenschaftler seine dicken Wälzer auf einen Aufsatz und diesen Aufsatz idealiter zu einem Miniaturstreitgespräch (Einzelsatz plus Gegensatz) komprimieren würde, ohne Substantielles einzubüßen, ließe geistiges Leben sich effektiv beschleunigen, optimieren und sogar KI-fähiger machen. Franzosen und Briten sind darin Meister, während Deutsche die pedantisch seichte Gründlichkeit bevorzugen, zu der jeder Quark sich breittreten lässt.

(Journalist) *Karl Marx* : "Jedes Buch ließe sich auf drei Seiten zusammenfassen und diese drei Seiten auf drei Sätze", ohne den Grundgehalt wesentlich zu verkürzen, sondern in groben Umrissen ihn überhaupt erst herauszuheben und auf das Wesentliche zu reduzieren. Nur so kommt der weise "Witz an der Sache" der Wissenschaft heraus.

Kurz und bündig, klein aber fein und mein,
prägnant und frappant, amüsant und elegant,
kein Elefant.

Hans Dampfmaschine stampft

Hegel Dialektik : Nur Feuer und Wasser zusammen machen der Geschichte Dampf – und dämpfen zugleich die Feuerköpfe.

Entweder Fortschritt oder Gott ist Hokuspokus. Also: Stoppt den naturwissenschaftlich-industriellen Fortschritt, nehmt den Dampf aus dem Kessel! Und Schluss mit den Weltver(schlimm)besserungen, nieder mit politischen Volldampf-Kannegießern! Die Welt, wie sie ist, ist das Werk von allzu aktiven Leuten, nicht von „Ohnemichels" und dumpfen Schlafmützen. Dampf lässt man ab im Lotterbett und nicht politisch. Ruhe ist das erste Bürgerrecht, ihr Verdampften der Erde!

Merke: Technischer Fortschritt ist der Vater aller Kriege und Revolutionen. Aus der industriellen Revolution durch Watts Dampfmaschine 1769 entstand zwanzig Jahre später die Französische Revolution des Bürgers gegen den Agrarfeudalismus 1789.

Großumbruch heute : Digitalisierung und KI.

Das Industriezeitalter seit der Dampfmaschine ist eine Sackgasse, ein Irrweg und eine historische Episode, die geistig überwunden werden muss in ein postindustrielles Zeitalter, das dann kein Rückfall in Agrarfeudalismus und Dienstleistungsgesellschaften mehr wäre, sondern zu frühreifsten Naturvölkern.

Das Füllhorn mit den Segnungen der Industrien entpuppte sich als die Büchse der Pandora.
Der Dampfkessel ist längst explodiert,
das Dampfventil von keinen Menschen mehr zu bedienen, der Fortschritt eine Dampfwalze, die uns überrollt hat und nicht mehr friedlich zu steuern ist.

Der Mensch hätte die nomadischen Naturvölker niemals verlassen und sesshaft ackernde Agrargesellschaften gründen sollen. Seit dem Ursündenfall der neolithischen Menschheitsrevolution vor zehn Jahrtausenden begann die Fortschrittsgeschichte der Hochkulturen als eine einzige Verfallsgeschichte. Seither wächst der Turm zu Babel in den Himmel, schreit zum Himmel, und jede Stadt ist Babylon.

Der Steinzeitmensch arbeitete mit primitivem Werkzeug etwa vier Stunden täglich, unser Zeitgenosse mit allen Maschinenparks immer noch doppelt so lange, und das macht niemanden stutzig.

Warum wecken wir immer neue Bedürfnisse und schuften dafür immer mehr, statt alten Bedarf in immer kürzerer Zeit zu decken? Warum immer mehr Geld für materiellen Giftkrempel statt immer mehr Freizeit für geistigeres Leben, warum ritual-tarifliche Gehaltserhöhungen statt radikale Arbeits-zeitverkürzungen (auf Achtstundenwoche bei vollem Lohnausgleich ohne Ausbeuterprofit auf dem gegenwärtig innegehaltenen Produktivitätsniveau?)

Gefragt sind nun eher die Dampfzauberer
vor jedem Gleichschritt Marsch in den Fort-Schritt.
Bitte mit Volldampf den Dampf
aus dem Gesellschaftskessel nehmen
und mindestens mal ein einziges Sabbatjahr!
Und nur noch Hans Dampf in allen Teetassen.

Religion und Wissenschaft sind Todfeinde, da der Schöpfer den technologischen Fortschritt und die Hochkulturen vermutlich nicht mag, die sein Werk nur als Rohstoff für die menschlichen Schöpfungen missbrauchen, statt als herr-liches Fertigprodukt des Himmels zu achten und zu bewundern.
Vollkommen war die Welt nur im Anfang,
und ihre Utopie wird die Hölle auf Erden ...

Q. e. d.

Wer hat Lust auf Lust?

Es wird kein Zufall sein, dass das Wort „Lust", das im Deutschen seit dem 8. Jahrhundert bezeugt ist, zutiefst zweideutig ist und seinen eigenen Gegensatz mitbedeutet : Wer auf etwas Lust hat, spürt gerade ein Unlustgefühl, weil er ja (noch) nicht hat und genießt, was ihm die vorschwebende Befriedigung verschaffen soll. Frust und Lust, heftiges Verlangen und seine ersehnte Erfüllung, werden vom selben Wort bezeichnet.

Und der größte Seelenforscher des 20. Jahrhunderts, Sigmund Freud, war sogar der Überzeugung, dass irgendetwas an unserer psychophysischen Konstitution die volle Befriedigung der linidinösen Begierde verhindere, die das eigentliche Muster jeder Form von Lust und Genusssucht darstelle. Das selige Liegen des Säuglings an der Mutterbrust sei die menschliche Ur-Lust schlechthin und die weibliche Brust in ihrer wellensanften Form und warmweichen Konsistenz sogar das Urbild all unserer späteren Schönheitsvorstellungen.

Schwitzt du, hast du vielleicht Lust auf ein Eis, das aber noch nicht im Munde schmilzt, also noch nicht Lust am Eis ist. Lust auf Skispringen ist noch keine Lust am Skispringen, sondern wird Frust, wenn sie Lust darauf bleiben muss.

Die gutbürgerliche Moral und auch die christliche Religion sind berühmt und berüchtigt dafür, vermeintlich leib- und lustfeindlich zu sein, weil ihre Gebote den anarchischen menschlichen Triebbegierden aus gutem Grund misstrauen und gewisse wohlerwogene Schranken auferlegen. Im Tierreich ist die Lustspannung-auf-Lustentspannung instinktiv der Zeugungskraft untergeordnet und angepasst, beim Menschen als dem ersten triebentbunden "Freierschaffenen der Welt" aber nur zum Teil.

"Alle Lust will .... tiefe Ewigkeit", schrieb der Moral- und Religionskritiker Nietzsche, und steht im Dauerkonflikt mit der befristeten Sexualaktdauer wie mit den gesellschaftlichen Kulturansprüchen des Menschen, die ihm herben Triebverzicht oder zumindest neurotisierende Triebverdrängung zumuten.

So soll meine egoistische Freiheit ihre Grenze darin finden, die egoistische Freiheit meiner Mitmenschen nicht zu beeinträchtigen. Laut Aufklärer

Kant, der die Moral des Alten Testaments nur ins Philosophische des Kategorischen Imperativs übersetzte, solle jedermann den anderen nicht nur als bloßes Mittel benutzen, sondern zugleich immer auch als Selbstzweck respektieren. Diese friedliche Koexistenz der lüsternen Lustsucher sei jedem sinnlichen Wollüstling sittlich zuzumuten, auch wenn nicht jede Sitte deshalb schon sittlich sein müsse.

Wird die Lust auf Lustempfinden empfindlich gestört durch biographische Umstände, wird die Triebrichtung leicht vom ursprünglich genital-orgastischen Triebziel abgelenkt auf Perversionen und Süchte, also zur Fixierung auf die „Partialtriebe", die gewöhnlich in der sexuellen Klimax zielgerichtet integriert sind zum angestrebten Akthöhepunkt. Ein Perverser oder Suchtkandidat liebt dann plötzlich den Fetisch eines Frauenschuhs mehr als die ganze Frau selber. Der kleinste gemeinsame Phantasienenner zwischen der lockenden Frau und ihrem noch verlockenderen Schuh mag dann die vaginale Öffnung für den Fuß=Phallus sein.

Nur das fetischistisch verabsolutierte „Partialobjekt" verschafft nach Freud dann noch volles Lustgefühl, das der vergleichsweise normal entwickelte Mensch durch Integration aller "Vorlusttriebe" unter das "Genitalprimat" erreicht, wie exhibitionistische und voyeuristische, sadistische und masochistische, orale und anale und andere.

Der erwachsen gewordenen Frau mutete Freud im Übrigen zu, die "klitoriale Vorlust" in vaginale Penetrationslust integrieren zu können, ohne sich phallisch vergewaltigt zu fühlen – was ihm lediglich den feministischen Vorwurf eines typisch patriarchalischen Vorurteils einbrachte. Und die Unlust, keinen standesstolzen Penis zu besitzen, kompensiere "das Weib" dann durch Lust auf ein Kind=Penis im Leibe.

Lust gilt als lustig, weil sie von der lästigen Last des Lebens gelegentlich entlaste und als Sexuallust schier unerschöpfliche Quelle von anzüglichen Witzen und zarten bis zotigen Zweideutigkeiten darstelle (von denen seriös vieldeutige Kunst sich kulturgeschichtlich erst emanzipiert habe).
Im Witz lachen wir die Unlustspannung zwischen Lustwunsch und Verbotsfrust einfach ab und weg.

Seit der Aufklärung, heißt es, sei die Kultur freier und lustbetonter geworden. Das stimmt, aber leider auf Kosten jeder Lust an der Lust selber. Will sagen: Im hedonistischen Zeitalter der freizügigen "Spaßgesellschaft" ist die allgemeine Lebensfreude so tief gesunken, dass von Massenmedien erst ununterbrochen zu ihr ermuntert und aufgereizt werden muss, während einstmals die überschäumende Lustsuche vor ihrer eigenen selbstmörderischen Konsequenz notdürftig geschützt werden musste, wie ausgerechnet der orthodoxe Katholik Chesterton erkannte.

Die Frau will ein Heim mit Lust und Liebe, sagte man einst, doch der Mann muss auch noch hinaus ins feindliche Leben und arbeiten. Das gilt lange nicht mehr, seit der Arbeitsmarkt die Frauen rief und mit gut dazu passender (mittelstands)feministischer Emanzipationsideologie versorgte.

Seither sind Mann und Frau im Uni-Sex vereint, d. h. die Arbeitswelt hat sie einander so gleichgeschaltet, dass der lustvolle kleine Unterschied entwertet ist und die beiden Gleichberechtigten einander gleichgültig werden und endgültig in Ruhe lassen. Die Tag und Nacht geschäftige Liebeslust ward zum Verlustgeschäft. Naturwissenschaftlich analysiert und paralysiert, fristet sie ihr kümmerliches Dasein in Romantikschmonzetten oder auf Porno-Portalen, lustlos absolvierte Kampfsportdisziplin als bloße Gratifikation für Arbeitsstress, den sie nur beliebig reproduziert, banal wie Fresslust.

Der Aufklärer De SADE hatte als erster in seinen Romanen erkannt, dass die moralinsaure Bändigung und Homogenisierung der aufmüpfigen Genitallust durch wissenschaftliche Triebmodellierung ersetzt wurde. Hygienische Mechanisierung fader Massenrammeleien hat inzwischen längst jeden lustvollen Schmutz aus der optimierten wie neutralisierten Bettgymnastik entfernt. Eros reitet voller Funktionslust das geile E-Ross. Brave New World. Lust und Liebe sind ungefährlich, also bedeutungslos geworden. Amor war mal amoralisch und ein tragischer Gott. Seine Fallhöhe gewann er im asozialen Aufstand gegen sozialen Widerstand. Lust und Leid sind selbst in der Liebe nicht länger dialektisch ineinander verschränkt, sondern in S/M-Swingerszenen organisiert.

Aber romantisch ist Liebeslust nur in unauflöslicher Ehe, denn Liebende sind niemals frei, sondern stets einander Herren und Sklaven zugleich.

Geschlechterkrieg mag Erfolg von Liebesfrust sein, doch Kriege sind nicht Folgen von Kriegslust, sondern stets von technologischem Fortschritt allein. Papierkriegslüstern sind Intellektuelle per se.
Nebenbei : Sind Kauflust, Rauflust und Mordlust nur Ersatzbefriedigungen erotischer Genusssucht?

Als man in einem Experiment jeder Ratte eine elektrische Lusttaste anbot, hatte sie sich in kürzester Zeit wie verrückt durch ein Dauergewitter von Orgasmen zu Tode angeregt.

Schitt inne Bütt!

Musst du wählen zwischen Fasching
Und Faschismus, ist es klar.
Musst du wählen zwischen Fasching
Und KarneValium, fällt es schwer,
Denn beides ist ein Veitstanz ganz.
Keine Narren mit Sparren, nein,
Spießer und Kannegießer sind los,
Bekloppte außer Rand und Band,
Als Jeckengecken auch bekannt.
Tumbe Witze, täterätä!
Schale Geistesblitze, täterätä!
Kölle Alaaf, blöket das Schaf,
Helau lässt raus die Sau.
Ich glaub, ich bin im Wald
Oder inne Irrnanstalt,
Im Ernst, lieber Ernst.

Alles für die Katz

Die Katze lässt die Katze nicht mausen.

Katzen haben nie den Kopf ihres Besitzers.
Ist Freiheit der stolze Hochmut
eines eigenen Katzenkopfes?

Sie leben wie Hund und Katze:
Sie ist unabhängig, *er* ihr treu.

Die altägyptische Hochkultur kannte die himmlische Pantherkatze, die sich mit geschmeidigem
Panthersprung auf Frevler stürzt, um sie zu zerreißen. Wenn sie zur zahmen Schmusekatze wird, die
ihren Biss verliert, schreien die Ungerechtigkeiten
vergebens zum Himmel.

Wer die Katze im Sack kauft, ist ein Hundesohn,
der die Knochen im Café kauft.

Wer die Katze nicht aus dem Sack lässt,
muss deshalb noch kein Geheimnis hüten.

Was nicht für die Katz ist,
ist vielleicht für den Schweinehund?

Nur einen Katzensprung entfernt
nagt die arme Kirchmaus am Fallenkäse.

Ist die neunschwänzige Katze des Herrn
aus dem Haus, tanzen die Knechte.

Die Maus lässt das Katzbuckeln nicht.

Am Katzentisch sitzen selten die Mäuse
mit Wachhunden.

Im Hochzeitsbett beißt sich die Katze
nicht in den Schwanz.

Wer mit mir Katz und Maus spielt,
macht mich nicht zur Sau.

Auch die Katze kann einen Kater haben.

Naschkatzen lieben ihre PC-Mouse mehr
als Micky Maus.

Bei Tag sind fast alle Katzen schwarzweiß.

Geduld schleicht wie die Katze
auch um den eiskaltesten Brei.

Dreckschweine machen nur Katzenwäsche.

Die lesbische Katze ist eher für die Katz
als für den Kater.

Eine Ehe wird glücklich, wenn Katze und Kater
wie Hund und Katze sind.

Katzenschnurren von heute
ist schon das Beißfauchen von morgen.
Und hoffentlich auch umgekehrt.

Heideggers „Seynslichtung" war ein Mauseloch,
in das er sich vor der Weltkatze verkroch:
Das enge Schlupfloch war sein weiter Weltraum
wie die Vagina für den Lüstling.

Snobby Horse, Hobby hopp!

Der Ernst des Lebens spielt sich ab in der bekannten Berufsarbeit, das Privatvergnügen im sogenannten Hobby. „Wechselnd in Müh und Ruh ist alles freudig" (Hölderlin). Hoch zu Ross kann sozial paradieren, wer Feierabends oder feiertags auf seinem Steckenpferdchen sitzt, Hüh hott ruft und nicht von der Arbeitsstelle kommt. Für passionierte Hobbys lässt man sich allerdings nicht bezahlen, sondern verschuldet man sich eher. Wochentags über tun wir Dinge, die wir hassen, für Leute, die wir fürchten und verachten, um uns Dinge kaufen zu können, die wir nicht brauchen, aber in der Freizeit abends und am Wochenende geht der rechtschaffen Erwerbstätige in seinen Bastelkeller, um Modelleisenbahnen zu komplettieren oder unveräußerliche Segelschiffchen aus Streichhölzern zusammenzuleimen – nur zur Erholung und Entspannung.

Natürlich sollte alles genau umgekehrt sein in dieser verkehrten Welt. Statt die frischesten Tagesstunden an stupide und sinnlose Brotarbeiten zu verschwenden, um danach ausgelaugt seine Arbeitskraft für den nächsten Werktag zu regenerieren, allein vor der geliebten Briefmarkensammlung (statt mit dem Ehegespons vor dem Fernsehgerät), sollte ein Mensch, der diesen Namen sich verdient, sein geliebtestes Naturtalent in der besten Tageszeit an ein menschenwürdiges Interessenfeld wenden dürfen, um seinen erschöpften Zustand danach dann für den eigenen Lebensunterhalt in Fabriken oder Büros zu vertrödeln. Wer seine beste Schaffenskraft in die bloßen Beschäftigungstherapien der gesellschaftlichen Arbeitswelt steckt, behält natürlich nur noch Energie und Freizeit übrig für so anspruchsvolle Hobbys wie anti-depressive Oldtimer- oder Bierdeckelsammlungen.

In einer vernünftigen Welt gäbe es Dichter und Denker, die für ihre hochfliegenden Poesien und Philosophien sich nicht bezahlen ließen, sondern daneben beliebige Jobs ausübten, um das in bescheidenem Lebensstandard finanzieren zu können. Max Horkheimer warf einem Thomas Mann vor, *von* seinen Romanen statt nur *für* seine Romane zu leben, obwohl Mann durch seine reiche Einheirat bei den Pringsheims gar nicht mehr für Geld hätte schreiben müssen. Doch der Lübecker Kritikphobiker brauchte seine Honorare als perverse Anerkennung seiner geistigen Leistungen.

Aber erst wenn der Brotberuf zum notwendigen Hobby-Übel wird, kann der Liebhaber-Dilettantismus zur allesbeherrschenden Lebensaufgabe aufrücken. Kein erschöpfter Mensch kann noch schöpferisch sein. Keine „höhere" Tätigkeit sollte sich prostituieren auf dem Markt, Geist wird verschenkt und nicht verschachert. Für sein edleres Hobby braucht jemand Bildung, für sein ekliges Jobby nur Ausbildung, also Spezialdressur. Das erstere ist sich zu gut für jegliche Vergütung, das letztere lohnt keine letzte Verausgabung. Wer verdient, der dienert nur. Und das wahre „Steckenpferd" sollte als vollblütiges Rasserennpferd im Lebenslauf ein einziger vernichtender Frontalkritiker und haushoher Besieger jedes Amtsschimmels und Ackergauls und jeder elenden Labor-Schindmähre werden.

Und natürlich verrät so einer keinem Arbeitgeber jemals sein wahres Interessenparadies.

Der Aficionado ist eher ein artistischer Gaukler hoch oben in der Zirkuskuppel des Lebens. Der Amateur verausgabt sich gratis und riskant – oder haushaltet eben lebenslang hausbacken mit sich selbst.

„Friedlich und heiter ist dann das Alter."
(*Friedrich Hölderlin* : „Abendphantasie")

War die Romantik romantisch?

„Das Klassische nenne ich das Gesunde und das Romantische das Kranke.", diktierte Goethe 1829 seinem treuen Eckermann in die Feder. Schon ein notorisch gefühlsverwirrter Heinrich von Penthesilea-Kleist, hymnengewaltiger Dionysos-Christus-Hölderlin und hochkomischer Jean Paul (Richter) als "wie vom Mond gefallener" Grenzgänger waren seinem homergeschulten Griechengeschmack viel zu angekränkelt.

War das der Kampf zwischen antiken Klassikern und revidiert „finsterstem Mittelalter", zwischen heidnischem und christlichem Rom, zwischen Klassizisten und Modernen, klassischem Gelehrtenlatein und romanhaften Volksromanzen, rationaler Klarheit und unbewussten Phantasmen, logischen Aussagen und mythischen Sagen, zwischen maßvollem Kopfkosmos und maßlosem Herzchaos, Tag und Traum, Logik und Mystik, öder Wahrheit und schönem Wahnsinn?

„Romantisch" Ist heutzutage nicht, was in Kulturgeschichten als europäische Geistesepoche in der ersten Hälfte des 19. Jahrhunderts bei Dichtern und

Denkern, Malern und Musikern galt. Romantisch nennen wir nur noch sentimentalen Gefühlsüberschwang ohne egoistische Vorteilsberechnung und schwärmerisch überspannte Liebesfilme. Das Volk der gewöhnlichen Sterblichen war immer sentimental und melodramatisch, hochmoralisch und rechtgläubig. Es fühlte romantisch und dachte realistisch zugleich. Es saß auf seinem Pisspott, steckte den Kopf in die Wolken und kam immer verlässlich zurück auf seinen (fliegenden) Teppich. Es träumt wie ein Kind von St.-Georg-Helden und Jungfrauen, die aus den Klauen von Drachen zu befreien sind.

Hegels "Volksgeist" war romantischer Idealismus, eine einzige Auseinandersetzung mit seinem vermeintlich nur frivolen Hauptgegner Schlegel, dessen subjektivistische Ironie er objektiv korrigieren und dialektisch gutbürgerlich toppen wollte.

Die deutsche Frühromantik um 1800 war bei Friedrich Schlegel und seinem Freund Friedrich von Hardenberg eher eine rationale Kopfgeburt als emotionale Entgrenzung. „Universalpoesie" vermischte zwar alle klassischen Gattungen, aber diese fragmentierten „Chamfortaden" voller Witz-Esprit und "romantischer Ironie" strebten kein klassisch vollendetes Kunstwerk mehr an, sondern ein magisches

Feuerwerk von Geistesblitzen in unauflösbar paradoxer Spannung zwischen Gefühl und Gedanke, Bild und Begriff, Metaphorik und Metaphysik. Die frühromantischen Fragmente in der Zeitschrift "Athenäum" waren noch höchst unromantisch wirkende Aphorismen im Stil der französischen Moralisten des 17./18. Jahrhunderts gewesen, weder Fisch noch Fleisch, wie Hegel höhnte, Denken als Dichten und Dichten statt Denken.

Typisch für die epochale Entwicklung der Romantik war dann 1804 Schlegels Konversion vom 1789-Republikaner der Barrikaden zum erzkatholischen Mittelalter der gotischen Dome. Der frühverstorbene Hardenberg-Novalis träumte schon in Jena von einem utopischen Europa der Stauferkaiser wie später die Heidelberger Hochromantik um Baader und Görres. Die feudale Spätromantik eines Joseph von Eichendorff endete dann im phantastischen Bummelleben seines unsterblichen "Taugenichts" und nicht nur in den Spukgeschichten eines trunksüchtig zerrissenen Gespenster-Hoffmann mit seinem Kater Murr und Kapellmeister Kreisler.

Lief die Romantik aus in gutbürgerliche Biedermeieridylle der pressezensur-reaktionären Metternich-Ära oder im „Vormärz des jungen Deutschland" bei Büchner, Grabbe und einem roten Heinrich Heine (der romantische Sehnsucht nicht mehr ausdrücken konnte, ohne sich sofort selbstironisch zu dementieren – bis hin zu einer somatisierten Selbstlähmung, die ihm frühen Tod bereitete)?

Und heute, was darf nun noch romantisch ohne exaltierten Kitsch genannt werden : Eine antibürgerliche Liebesaffäre contra „spießiger" Ehevernunft z. B. oder wenn ein Milliardär seine Putzfrau heiratet? Ganz im Gegenteil.

„Einen Brief in den Postkasten werfen und heiraten – zwei der wenigen Dinge, die noch ganz romantisch geblieben sind; denn um romantisch zu sein, muss ein Ding unwiderruflich sein."
"Gut sein ist ein weit kühneres Abenteuer als eine Weltumsegelung." (*Gilbert Keith Chesterton, 1874-1936*)

Gastritis-Drabble

Gastronomie, wörtlich Bauchpflege und Leib- und Magenkunde, ist das Gastgewerbe zur Bewirtung mit Speis und Trank und Trunksucht, im Gegensatz zur ordinären Spelunken-Kneipe auch eine Versorgung mit Kulturevents und Dialog-Kommunikation. Ursprünglich sorgte sie auch für Übernachtungen und war nichts anderes als Herberge mit dialogischem Bordellanschluss.

Gastronomische Leibeswohl- und Unterleibsbetriebe sind bis heute die demokratischsten Organisationen der Gesellschaft. Hier darf der gewöhnliche Sterbliche als General-Laie ungestraft nach Herzenslust schwadronieren und kritikastern und kannegießern, was das Zeug hält. Zu allem und jedem darf er seinen schärfsten Senf geben, ohne Dyspepsie zu gewärtigen, und seinen Mit- und Gegenmenschen die Suppe gehörig versalzen.

Wenn die Lichter ausgehn

Die Kultur ist sehr empfindlich.
Ist solch Gedank' zu kindlich?
Diese Kultur ist zu hektisch,
Schon beinah apoplektisch,
Aber vor allem elektrisch,
Alles sehr harmonisch
Und völlig elektronisch.

Doch geh'n die Lichter aus,
Geht auch die Heizung aus,
Verdunkelt sich ein jedes Haus
Mit Mann und Maus.

Wer will's Windrad nebens Haus,
Und die Sonne kommt nie raus.
Hacker legen alles lahm,
Dann ist nix mehr hell und warm.
Finster wird's und kalt
Sehr schnell und allzu bald:
Bist du bereit zum Urwald?
Da singt so mancher Rapper:
Wir brauchen nur noch Prepper!

Das kommt heute oder morgen,
Und wer kann sich selbst versorgen?
AKW? Oh weh!
Ach, nee?

Elektrisch ist es nicht,
Das schöne wahre Licht.

Digital kaputt, alles in Schutt?

Macht kaputt,
Was euch caput macht?

ÖKO stimmt nur ein
Auf nächsten Techno-Terror,
Digitalfahrt und KI:
Um Blümchen am Wegesrand
Ging es dabei nie.
Das Schlimmste an KI ist nie,
Dass es mal in Schutt geht,
Sondern niemals mehr kaputt geht,
Weil zu gut es funktioniert.

BRD 2050

Der Große Bruder überm Teich
Ließ uns fallen also gleich.
Es sprach das Trampel *Cato:*
Schluss mit Schutz durch NATO!
Aufzurüsten ist das Heer
Der totgesparten Bundeswehr.
Doch dafür ist kein Geld mehr?
Oh, Frieden ist zu schaffen
Nur durch teure Waffen!
Das Land ist ein zahnloser Tiger,
Der brauchet noch als Plomben
Atomare Abschreckbomben
Im Superflieger der Sieger?
Sozialer Staat wird abgespeckt,
Von Reichen wird Profit geheckt.
Industrie nützt nur den Reichen,
Und Wissenschaft geht über Leichen.
Proleten haben nie Moneten
Und Feten von deren Raketen.
Noch mehr Konsum und Handel
Bringt erderwärmten Klimawandel.
Krachend hatte die Linke versagt,
Es scheint Gerechtigkeit vertagt,
Oder ist der Klassenkampf

Am Ende wieder Rassenkrampf?
Migranten, arme Fremde raus
Aus dem nationalen Haus?
(Dann fehlen aber Arbeitskräfte
Für alle künftigen Geschäfte.)
In lediglich vier Jahren
Wenn nun nichts passiert,
werden wir's erfahren,
was uns dann pressiert:
Befrei'n uns dann die Rechten
Von allen unsern Rechten?
Ist nun Kanzler Merz kein Scherz,
Lindert er den wilden Schmerz
Der Qual durch diese Wahl?
Noch sind's vier Jahre Zeit
Bis zur Unumkehrbarkeit ...

Im Jahre 2050
ist hier auch nichts vernünftig,
sondern in großen Zügen
alles fast gleichgeblieben.
Drum leg dich wieder schlafen
zu den Ziegen und den Schafen:
Ein Knecht bleibt Knecht,
Und das ist schlecht.
Ein Herr bleibt herrlich,
Also entbehrlich.

Die Zukunft ist ungewisser als ein Jenseits

Schließt nicht von schwerer Geburt
auf einen leichten Tod oder von böser Zukunft
auf glückliche Kindheit.

Verschlaf die Vergangenheit, träum von Gegenwart,
bereu die Zukunft!

Wer sich an jugendliche Zukunftsträume erinnert,
lebt in der Gegenwart.

Märchen erzählen Kinder von ihrer Zukunft,
Greise von ihrer Kindheit.

Was in der Vergangenheit geschah,
prophezeien Zukunftsplaner.

Phantasie erfindet die Vergangenheit,
Verstand erklärt die Zukunft.

Gegenwart ist kein erster Augenblick der Zukunft
mehr, sondern Zugleich aller lebenden Traditionen.

Geschichtslose Zeiten haben noch große Zukunft.

Vergangenes kommt uns zu, Zukunft vergeht sich
an uns, und Gegenwärtiges ist meist Widerwärtiges.

Wer eine finstere Zukunft weissagt,
kann nicht als Prophet gelten.

Die Avantgarde strebt in die Urzeit,
und Epigonen überholen die Zukunft.

Ziele verdecken die Zukunft,
Erinnerungen die Vergänglichkeit.

Frei fühlt sich, wer nicht weiß,
was er morgen tun wird.

Mit jedem großen Werk gibt es für künftige
Generationen eine große Möglichkeit weniger.

Deine Zukunft kommt vor dem Tod,
deine Vergangenheit kam nach der Geburt.

Das Beste an der Vergangenheit ist, dass sie nie
wiederkommt, das Schlimmste an der Zukunft,
dass sie mal kommen wird.

Industrialismus : technische Imitation der Zukunft.

Zukunftshoffnung erlöst von Unsterblichkeit.

Man lebt immer im finstersten Mittelalter
zwischen Altertümern und Zukunftsmusik.

Zukunftsforscher neugierig:
„Gibt´s mal was Altes?"

Gefühle sind von gestern, Gedanken von morgen,
Gewalt ist immer von heute.

Militärparaden sind die *Loveparades* von morgen
und umgekehrt.

Popmusik: Ouvertüre zur Marschmusik von morgen.

Zeit ist sozial. Oberschicht denkt stets an gestern,
Unterschicht an heute und Mittelschicht an morgen.

Wer morgen losfliegt, ist eher da,
als wer gestern loslief.

Alltagskram von früher ist Luxus von heute,
Tand von morgen der Luxus von gestern.

Die Zukunft wurde inzwischen so verändert,
dass sie nichts mehr verändern kann.

Endlose Zukunft kann noch verfließen,
nicht aber endlose Vergangenheit
schon verflossen sein.

Ist jüngste Vergangenheit unbewältigte Zukunft?

Haben Futurologen noch eine Zukunft?

Ist es diese Zukunft wert, in mir zu vergehen?

Gegenwart ist, wenn Vergangenheit
und Zukunft auf einen Tag fallen.

Religion ist der Glaube,
dass jeder mehr vor sich hat als die Zukunft.

Futurologen beschäftigen sich nur noch mit
der Zukunft der Futurologie und prophezeien,
was übermorgen vorhergesagt werden wird.

Optimisten sind Pessimisten, die die Zukunft
des Pessimismus eher trübe sehen.

Jugend ist Nihilismus, weil sie Zukunft hat,
und Greise sind Utopisten, weil sie keine haben.

Nur die Zukunft derer lässt sich vorhersehen,
die nicht vorher ihre Vergangenheit sehen wollen.

Zukunftsforschung,
angewandte jüngste Vergangenheit.

Dass die Zukunft keine mehr hat,
hat schon eine lange Vergangenheit.

No future? Ja, nun müsst ihr endlich
keine vorfabrizierte Zukunft mehr wegräumen.

Die Zukunft haben wir nicht nur,
um unsere Vergangenheit zu ändern.

Die Zukunft auch nicht mehr das,
was noch nie dagewesen ist.

Eine Utopie ist der Traum,
es möge künftig noch Zukunftsträume geben.

Eulenspiegeleier
Schräge Eulenspiegelbilder

Zwillinge sind nicht endlose Klone,
sondern Busenfreunde und Rivalen zugleich.

Wenn dir keine Herzen zufliegen,
fliegen dir noch keine Sesterzen zu.

Manche Gebete bleiben unerhört.
Manche Heiden finden das unerhört.

Wer ein Renommee hat,
muss nicht mehr renommieren.

Stand Sintflut-Noah mit Weingott Dionysos
am Übergang von Nomaden zu Ackerbauern?

Lebste nach Liste, biste triste inne Kiste.

Wandelt durch die Welt und nicht die Welt!

Humoristische Klassiker

Sebastian Brant : „Das Narrenschiff"
Hermann Bote : "Till Eulenspiegel"
Erasmus von Rotterdam : "Lob der Torheit"
Fr. Rabelais : "Gargantua und Pantagruel"
Jonathan Swift : „Gullivers Reisen"
Lawrence Sterne : "Empfindsame Reise"
Moliere : Komödien
de Cervantes : „Don Quichote de la Mancha"
Denis Diderot : „Rameaus Neffe",
   „Jacques der Fatalist und sein Herr"
James Boswell : „Samuel Johnson" (Biografie)
Christian Reuter : "Schelmuffsky"
J. Weber: "Demokritos, der lachende Philosoph"
Gottfried Lessing : "Minna von Barnhelm"
Heinrich von Kleist : „Der zerbrochene Krug"
Jean Paul : "Dr. Katzenbergers. Badereise",
   „Flegeljahre", "Der Komet"
Franz Grillparzer : "Weh dem, der lügt"
Charles Dickens : „Der Pickwick-Club"
W. M. Thackeray : „Jahrmarkt der Eitelkeiten"
George Meredith : „Das Snob-Buch"
Joseph von Eichendorff : „Die Freier",
   „Aus dem Leben eines Taugenichts"

Chr. M. Wieland : „Diogenes von Sinope",
   „Aristipp und einige seiner Zeitgenossen",
   „Clelia und Sinibald"
Gottfried A. Bürger : „Baron Münchhausen"
Gottfried Keller : „Die Leute von Seldwyla"
Georg Büchner : „Leonce und Lena"
Gustave Flaubert : "Bouvard und Pécuchet"
Johann Nepomuk Nestroy : „Possen"
Heinrich Heine : Werke
Mark Twain : „Werke"
Joachim Ringelnatz : Gedichte
Erich Kästner : Gedichte
Christian Morgenstern : Nonsens-Gedichte
Wilhelm Busch : Werke, Bildergeschichten
Kurt Tucholsky : Werke, „Schnipsel"
Frank Wedekind : "Der Marquis von Keith"
Arno Holz : "Dafnis"
Karl Valentin : Werke
Jean-Paul Sartre : "Nekrassow"
Wladimir Nabokov : "Pnin"

Sekundärliteratur zum Aphorismus

Gerhard Neumann (Hg.): „Der Aphorismus.
Zur Geschichte, zu den Formen und Möglichkeiten
einer literarischen Gattung", Darmstadt 1976

„Ideenparadiese. Untersuchungen zur Aphoristik
von Lichtenberg, Novalis, Friedrich Schlegel und
Goethe", München 1976

Peter Krupka: „Der polnische Aphorismus",
München 1976

Hans Peter Balmer; „Philosophie der menschlichen
Dinge. Die europäische Moralistik", Bern 1981

Harald Fricke: „Aphorismus", Stuttgart 1984

Gisela Febel: „Aphoristik in Deutschland und
Frankreich", Frankfurt/Main 1985

Klaus von Welser: "Die Sprache des Aphorismus",
Frankfurt/M. 1986

Heinz Krüger: „Über den Aphorismus
als philosophische Form", Frankfurt/M. 1988

Werner Helmich: „Der moderne französische
Aphorismus", Tübingen 1991

Stefan Fedler: „Der Aphorismus. Begriffsspiel zwischen Philosophie und Poesie", Stuttgart 1992

Paul Geyer / Roland Hagenbüchle: „Das Paradox", Tübingen 1992, Würzburg 2002²

Thomas Stölzel: „Rohe und polierte Gedanken. Studien zur Wirkungsweise aphoristischer Texte", Freiburg 1998

Lada Lubimova: „Struktur und Funktion des Aphorismus : eine textlinguistische Studie", Bremen 1998

Robert Zimmer: „Die europäischen Moralisten", Hamburg 1999

Michael Esders: „Begriffs-Gesten. Philosophie als Kurze Prosa von Friedrich Schlegel bis Adorno", Frankfurt/Main 2000

Rüdiger Zymner: „Aphorismus", In: Kleine literarische Formen in Einzeldarstellungen, Stuttgart 2002

Friedemann Spicker: „Kurze Geschichte des deutschen Aphorismus", Tübingen 2007

„Die Welt ist voller Sprüche. Große Aphoristiker im Porträt", Bochum 2010

Rolf Friedrich Schuett : „Aphorismus – Philosophischer Gehalt in literarischer Gestalt", 2019

Aphoristische Themenbände des Autors

„Frauen, Freiheit, Liebe und Proleten"

„Lesen und Schreiben, Denken, Bildung,
Fortschritt, Geschichte und Alter"

„Psychologen, Soziologen und Ästheten"

„Natur, Gesundheit, Glück und Philosophie"

„Arm und Reich in Recht und Freiheit"

„Wissenschaft, Moral(ismus und Lebenslust"

„Der Mensch als Herr und Knecht,
Traum, Geist und Revolte"

„Ganze Halbwelt aus heilen Umwelten? –
*Erfahrung, Hören, Sachlichkeit,
Sprache, Verstand und Technik"*

„Neuer Cherubinischer Wandersmann –
Laienbrevier voll himmlischer Spruchweisheit"

INHALT

7   Du in der Welt und die Welt in dir

47   Endloses Enden der beschränkten Welt

57   Spiel und Spott : Witz, Humor und Komik

71   Freier, fester, eiserner, eigener
          oder guter Wille?

87   Das Vaterwort ist das schwierigste Fremdwort

91   Unwetter ist auch nur ein Wetter
          ... und was für eins!

93   To make a long story short : *Epilog*

94   *Kardinal Retz* und *Sainte-Beuve*
          über *Larochefoucauld*

97   Errungenschaften und Schwachstellen
          der Euro-Philosophie

106   *Faites vos jeux!* Mt Satieren spielen : *Kosme-
tischer Kosmos aus beschränktem Willen*

157   Verkehrte Welt

158   Früh-Link zu Frühlingeling plingpling

160   Aphoristischer Abbreviatourismus

162   Hans Dampfmaschine stampft

165   Wer hat Lust auf Lust?

172   Alles für die Katz

175   Snobby Horse, Hobby hopp!

178   War die Romantik romantisch?

182   Gastritis-Drabble

183   Wenn die Lichter ausgehn / Digital kaputt ...

185   BRD 2050

187   Die Zukunft ist ungewisser als ein Jenseits

192   Eulenspiegeleier : Humoristische Klassiker